Alice muNyika yeMashiripiti

Alice muNyika yeMashiripiti

NaLewis Carroll

Mifananidzo
naJohn Tenniel

Rakaturikirwa muShona
naShumirai Nyota
naTsitsi Nyoni

2015

Rakatsikiswa neEvertype/*Published by* Evertype, 73 Woodgrove, Ballyfin Road, Portlaoise, Co. Laois, Ireland. *www.evertype.com*.

Musoro wokutanga webhuku/*Original title*: *Alice's Adventures in Wonderland*.

Nhurikirwa yokutanga/*First edition* 2015.

Chinyorwa chino chinowanikwa panhoroondo yezvinyorwa yeBritish Library.
A catalogue record for this book is available from the British Library.

ISBN-10 1-78201-066-1
ISBN-13 978-1-78201-066-1

Chakarongwa muDe Vinne Text, Mona Lisa, ENGRAVERS' ROMAN, neLiberty naMichael Everson.
Typeset in De Vinne Text, Mona Lisa, ENGRAVERS' ROMAN, *and* Liberty *by* Michael Everson.

Mifananidzo/*Illustrations*: John Tenniel, 1865.

Butiro/*Cover*: Michael Everson.

Rakadhindwa/*Printed by* LightningSource.

Musumo

Lewis Carroll izita rokunyora raishandiswa naCharles Lutwidge Dodgson, mudzidzisi weMasvomhu pakoreji yeChrist Church paOxford. Dodgson akatanga kunyora rungano rwuno musi wa4 Chikunguru mugore ra1864 apo akatanga rwendo neigwa murwizi rweThames rwuri muOxford, achifamba naMufundisi Robinson Duckworth nevana vanoti Alice Liddel uyo aiva nemakore gumi okuberekwa zvakare ari mwana weMukuru weChrist Church, mukoma wake Lorina aiva nemakore gumi nematatu uye munin'ina wake Edith aiva nemakore masere. Sezvatinoona panhetembo iri kwekutanga kwebhuku, vasikana vatatu ava vakakumbira Dodgson kuti avaitire rungano. Saka achikokoma kwekutanga,akatanga kutaura rungano urwu semanyorerwo arwakaita pakutangatanga. Apo neapo panodimikirwa nezvavo vari vashanu mubhuku rose zvaro iro rakazodhindiswa muna 1865.

Alice's Adventures in Wonderland rakatanga kuturikirwa muChiShona mugore ra2015 naShumirai Nyota naTsitsi Nyoni. Bhuku rino ndiro nhurikirwa yokutanga ya*Alice's Adventures in Wonderland* mumutauro weShona chero zvaro riri bhuku rinozikanwa muzvikoro zvizhinji zvemuZimbabwe riri muChirungu.

ChiShona mutauro unotaurwa navanhu vangangosvika zvikamu makumi masere kubva muzana (80%) munyika yeZimbabwe. Unoyambukirawo kuMozambiki neBotswana uko kwaunotaurwa nevanhu vane chitsama. Mutauro uyu una mapazi anosanganisira Karanga, Zezuru, Korekore, Manyika. Pamitauro yechitema inosvika gumi nemina muZimbabwe, ChiShona ndiwo mutauro wakanyanyovandudzwa, wave nemaduramazwi uye madudziramutauro zvose zviri mumutauro weShona. Zvakare wave nezvinyorwa zveuvaranomwe zvakawanda ukuwo uchidzidzwa kusvika kumatanho ekumaYunivhesiti pamwechete nekutsvakurudzwa. Mutauro uyu uri kusimudzirwa nevatsvagurudzi vakazvimiririra, muzinda wetsvakurudzo dzemitauro yevatema uyo uri paUniversity yeZimbabwe (African Languages Research Institute —ALRI) neSangano roMutauro neTsika dzavaShona (Shona Language and Culture Association—SLCA). Saka mutauro weChiShona mutauro uri kukura zvakanyanya zvakare zvinyorwaturikirwa zvakaita sa*Alice muNyika yeMashiripiti* zvinobatsira kukudza dura rehunyorwa hwawo. Nokuda kwevandudzo iyi ChiShona chinoshandiswawo mune zvedzidzo zvematanho epasi, mumatare edzimhosva, uchiturikira Chirungu, mushambadzo dzedzidziso nedzezvekutengeserana nezvimwewo zvinokosheswa muZimbabwe.

Pakuturikira *Alice's Adventures in Wonderland* richive *Alice muNyika yeMashiripiti* vaturikiri vakasangana nezvigozhero zvinobva pakusiyana kwetsika nemitauro inoti ChiRungu neChiShona. Mundima ino tinotaridza zvimwe zvezvigozhero zvacho uye nzira dzakashandiswa munhurikiro ino mukugadzirisa zvigozhero zvacho. Tinojekesawo zvakanakira nzira dzakashandiswa huye batsiro yadzo pakuti vaturikiri vabude nezvakaringana pamitauro miviri iyi. Nzira yekushandisa zviri mutsika nemagariro eChiShona zvinobatsira vaverengi kunzwisisa zvabviswa muChiRungu asi zvisingawanikwi muChiShona yakabatsira vaturikiri kuti vabude nezvinowirirana mumitauro miviri iyi. Somuenzaniso, tsuro iri kunzi *March Hare* muna*Alice in Wonderland* iyo isingawanikwi mutsika nemumutauro weChiShona yakaturikirwa ichinzi *Tsuro Magen'a* inova inoziikanwa zvakanyanya mungano sumutambi ane hungwaru nenjere dzakanyanyisa dzimwe nguva achibatira vamwe vatambi nekuvatemesa musoro zvinova zvinofadza vateereri vengano kunyanya vechidiki. Umwe muenzaniso ndewekuti muChiShona, zviito zvinotaridza zviri kuitika zvinotsihwa nenyaudzosingwi dzinova mashoko anobatsira kuti muteereri aumbe mifananidzo yezviri kurehwa nezvazvo mupfungwa. Zvakadai zvinoonekwa munhurikiro yezvinotevera zvinowanika muChitsauko chekutanga: *'pop down'* inoturikirwa nenyaudzosingwi sezvizvi *'nyengu kupinda'* huye *'jumped up on her feet'* sezvizvi *'nyamu kusimuka'*. Nyaudzosingwi *'nyengu'*inoita kuti muverengi kana muteereri aumbe mufananidzo mupfungwa dzake wechinhu chiri kupinda pachiri kupinda nechimbichimbi ukuwo *'nyamu'* ichipa mufananidzo wekusimuka nechimbichimbi.

Imwe nzira yakashandiswa kuturikira pane zvigozhero ndeyekusiya zvimwe. Somuenzaniso musoro wekuti *Alice's Adventures in Wonderland,* wakaiswa muChiShona sezvizvi *Alice muNzvimbo yaMashipiti* uchisiya shoko rokuti *'Adventures'* risina kuturikirwa nokuti harigoneki kuiisa kuChiShona. Zvakadaro hazvo zvinoonekwa kuti kusaturikira shoko iri hakuna chakunokanganisa pakunzwisisa nyaya iri mubhuku zvakare kurisiya hakukanganisizve chinangwa chenyaya iyi chinova chekufadza nekutokonya pfungwa dzevana. Shoko irori rekuti *'Adventures'* rinonzwikwa richitakurwazve neshoko rokuti 'Mashiripiti'.

Dambanemashoko rakashandiswa kusetsa munyaya yeChiRungu ndeumwezve muenzaniso wekuturikira nekusiya zvimwe. Zvakaonekwa kuti imwe mienzaniso yedambanemashoko iri mururimi rweChiRungu inoshandisa mashoko asimo muChiShona zvobva zvotadzika kuturikira zvichisara zvichisetsa nenzira imwe chete yazvinoita mururimi rweChiRungu. Tarisai izvi panhauro dzinotevera dzataratidza ChiRungu chisingagoneki kurikira kuChiShona.

> "You see the earth takes twenty-four hours to turn round on its axis—"
>
> "Talking of axes," said the Duchess, "chop off her head!"

(Jee riri mukanhauro aka riri kugadzirwa nekutamba nemashoko maviri aya eChiRungu rimwe racho, *'axis'* rinova rinoreva zvinhu zvisingawaniki mumutauro netsika dzeChiShona. Mashoko acho maviri ari kuburitsa dambe muChiRungu ndeanoti *('axis'* na*'axes'*).

Honhai zvino zvinoitika pakuturikira izvi mururimi rweChi-Shona:

> "Munoona, nyika inotora maawa makumi maviri nemana kutenderera—" *(shoko rokuti 'axis' rasiiwa harina raro muChiShona)*
>
> "Une nharo?" vakadaro mai vaya. "Gura musoro wake!" *(shoko rokuti 'axes' rasiiwa nokuti harina rarichawirirana naro pamutinhiro munhirikirwa).*

Zvazvinoreva ndezvekuti jee rarasika pakuturikira muChiShona nokuti shoko rokuti 'axis', nezvarinomirira muChiRungu hazviwainikwi mutsika nemumutauro weChiShona Nokuda kwechigozhero ichi hapana chikonzero chekuturikira shoko rokuti 'axes' chero rine raro kuChiShona, ndosaka jee riri muChiRungu richizorasika muChiShona. Apa chinyorwa cheChiShona chinobva chaonekwa sembodza. Mbodza iyi yabuda pakuti chinangwa chenyaya mumutauro weChirungu apa kwanga kuri kuda kusetsa asi nhurukiro muChiShona yozvikoniwa.

Umwe muenzaniso ndewedambanemanzwi rinobva pamashoko emuChiRungu anoti, *'draw'* (kudhirowa mupikicha) na*'draw'* ('kuchera mvura mutsime') (Chitsauko 7) ayo asingagoni kuturikirwa zvizere muChiShona zvichireva kukundikana kuburitsazve jee munhurikirwa. Imwe nzira yaigona kushandiswa apa ndeyekungoshandisa mashoko ejee muChiShona asi izvi zvinenge zvoreva kubuda nenyaya yakasiyana neiri kuturikirwa ipapa.

Mienzaniso yejee miviri inosiyana neiri kutaurwa nezvayo pasi pakuti manzwi akashandiswa kugadzira jee uye zvaanomiririra zvinoti *'pig' and 'fig'* (nhuruve neonde) zvose zvinowanikwa mutsika nemumutauro weChiShona:

> "Wati 'nguruve' kana 'huruva'?"
>
> "Did you say 'pig' or 'dust'?"

Sezvo zvose 'nguruve kana onde' zvichiwanikwawo nemuChi-Shona, tinogona kungotsvakawo mamwe mashoko anogona kugadzira jee neapiwa toshandisa munhurikirwa sezvataita pamusoro pana *nguruve* kana *huruva*. Apa tanonga shoko rekuti 'huruva' kuti riumbe jee na'nguruve'.

Zvisinei hazvo kunyange tataridza zvigozhero, nhurikirwa ya*Alice's Adventures in Wonderland* kuisa muChiShona yakava chiitiko chakatidzidzisa zvakawanda pamitauro miviri inoti ChiShona neChiRungu netsika dzavatauri vayo. Vaturikiri vanotarisira kuti *Alice muNyika yeMashiripiti* richava bhuku rakakosha uye rinowedzera dura remabhuku ari mururimi rweChi-Shona.

Shumirai Nyota
Tsitsi Nyoni
Masvingo 2015

Foreword

Lewis Carroll is a pen-name: Charles Lutwidge Dodgson was the author's real name and he was lecturer in Mathematics in Christ Church, Oxford. Dodgson began the story on 4 July 1862, when he took a journey in a rowing boat on the river Thames in Oxford together with the Reverend Robinson Duckworth, with Alice Liddell (ten years of age) the daughter of the Dean of Christ Church, and with her two sisters, Lorina (thirteen years of age), and Edith (eight years of age). As is clear from the poem at the beginning of the book, the three girls asked Dodgson for a story and reluctantly at first he began to tell the first version of the story to them. There are many half-hidden references are made to the five of them throughout the text of the book itself, which was published finally in 1865.

The story, *Alice's Adventures in Wonderland,* was translated into Shona, an indigenous language of Zimbabwe spoken by close to eighty percent of the total population, for the first time in 2015. The Shona language is also a cross-border language in the neighbouring countries of Botswana and Mozambique where it is spoken by sizeable numbers. Its dialects include Karanga, Zezuru, Korekore, and Manyika. Of Zimbabwe's 14 indigenous languages, Shona is the most developed with a rich literary heritage in the form of general and specialized monolingual dictionaries, grammars and various literary texts. It is also studied up to

University level. Shona benefits from efforts by independent researchers, work by organizations like the African Languages Research Institute (ALRI) and Shona Language and Culture Association (SLCA). As a result it is a language that is fast developing when compared to other Zimbabwean indigenous languages. Due to these developments, Shona is now used in some major domains of language use such as medium of instruction at lower levels of education, in the judiciary (in translation should the defendant or plaintiff wish to use Shona and for commercial advertisements. Translations like *Alice's Adventures in Wonderland* into Shona help boost the Shona language's literary heritage.

During the translation of *Alice's Adventures in Wonderland* to *Alice muNyika yeMashiripiti* some areas of non-equivalence presented translational challenges. We discuss some of these challenges and the strategies employed to overcome them below. At the same time we show the impact of the strategies and how they enable the translators to meet the required equivalences. The strategy of cultural substitution was used to a large extent where culturally specific items in the source language text are replaced with the target language text items that do not necessarily have the same propositional meaning but a meaning which is likely to have similar impact on the target reader. For example the *March Hare* of *Alice* does not exist in Shona culture but is translated *Tsuro Magen'a* 'Clever Hare' in the Shona folktale, who is a trickster, cunning and villainous character but very popular with children. Also in Shona, action verbs are best captured through ideophones because these give more vivid mental images of the action and consequently this is why in Chapter 1, 'pop down' is translated *nyengu kupinda* and 'jumped up on her feet' translated *nyamu kusimuka*. The ideophone *nyengu* gives a vivid mental picture of something swiftly entering through an opening and *nyamu* that of someone rising up with haste.

The strategy, translation by omission, was used to handle a number of problem areas. One such area is the title, *Alice's Adventures in Wonderland,* in the source language to *Alice muNzvimbo yaMashipiti* in the target language which leaves out the word 'Adventures' because it is untranslatable into Shona.

However it can be seen that this omission is not a loss since it does not affect the purpose of the story which is to entertain and stimulate the imagination of the young. The term, adventures is implied in *mashiripiti*.

Puns which are used to bring out humour in the source language are the other example of instances where translation is by omission. There is no way most these could be translated to the target language with the same effect or without misrepresentations. The dialogues below clarify this point.

> "You see the earth takes twenty-four hours to turn round on its axis—"
>
> "Talking of axes," said the Duchess, "chop off her head!"

Humour here is provided by use of the play on words axis and axes. In Shona the dialogue is rendered, omitting both words, as:

> "Munoona, nyika inotora maawa makumi maviri nemana kutenderera—"
>
> "Une nharo?" vakadaro mai vaya. "Gura musoro wake!"

> "You see the earth takes twenty-four hours to turn round on its axis—"
>
> "Don't you believe?" said that woman. "Chop off her head!"

In the target language the humour is lost because the concept, axis, which is not there in Shona, was untranslatable, therefore, omitted. Because of this difficulty, there was no point in translating 'axes' though, the concept is found in Shona, hence the humour was lost. This loss unfortunately has resulted in a flop. The intention of the source language was to provide humour and the translation fails to capture this.

Similarly, the pun 'draw' (draw picture) and draw ('fetch water from a well') (chapter 7) could not be translated fully and this meant missing out on the intended humour in the target language as well. An alternative way would be to pick any puns in Shona but this would result in a different story.

The two examples of puns above differ from the way in which "Did you say 'pig' and 'fig'?" was tackled to create the joke and their referents, with regard to the Shona language and culture:

> "Wati 'nguruve' kana 'huruva'?"
>
> "Did you say 'pig' or 'dust'?"

The joke in 'pig' and 'fig' is from the rhyming of the two terms, both of whose referents/concepts are found in Shona. To create the joke in the target language, one could pick any of the terms and search in the Shona language for a term that rhymes with the chosen one as shown above in the target language text where *nguruve* 'pig) rhymes with *huruva* 'dust'.

The translation of *Alice's Adventures in Wonderland* was a very rewarding experience and the translators hope the text, *Alice muNyika yeMashiripiti* will be a valuable addition to the Shona language's literary heritage.

Shumirai Nyota
Tsitsi Nyoni
Masvingo 2015

Alice muNyika yeMashiripiti

Zviri Mukati

Tose mumasikati akaisvonaka
Tofamba zvinoyevedza chaizvo nerudekaro;
Mikwasvo yedu tose nekaunyanzvi,
Netumaoko yoshandiswa nemazvo,
Tuoko twedu tuchishingirira zvakadaro
Kutungamirira kufambafamba kwedu kusina gwara.

A-a! Vatatu veutsinye! Munguva yakadai!
Mumaririro ekunze asinganzwisisiki,
Kukumbira rungano kune asina simba
Rekuzunungusa kana mbava dikisa!
Asizve chii chingagonekwa nenzwiwo zvaro
Richipikisa ndimi nhatu?

Nyakuzvikudza wechikadzi kachu nyaya
Shoko rake "kurutanga":
Nekaunyoro Secunda anoshuvira
"Runenge rusina musoro!"
Ukuwo Tertia achipindira murungano
Kamwe chete pamineti.

Nechinguvana runyararo rwakavapo,
Mundangariro vanoronda
Mwana wemuchiroto achifamba nemunzvimbo
Yezvishamiso zvesango nezvitsva,
Munhaurirano neushamwari neshiri kana mhuka—
Uye achitenda kuti ichokwadi.

Uye rungano parunoenderera mberi
Matsime efungidziro anopwa,
Zvinyoronyoro akashingirira asina simba uya
Kutaura rungano kuti rupere
"Zvimwe zvose nguva inotevera—" "Yave nguva inotevera!"
Manzwi emufaro anodaidzira.

Ndiko kukura kwerungano rweNzvimbo yaMashiripiti:
Nokudaro zvishoma nezvishoma, chimwe nechimwe,
Zviitiko zvarwo zvinoshamisa zvakaramba zvotaurwa nesimba
Saka zvino rungano rwapera,
Uye kumusha todzokera, chikwata chine mufaro,
Mukuvira kwezuva.

Alice! Tora rungano rwepwere,
Uye neruoko rwakapfava
Ruchengetere panopfekana zviroto zveUdiki
Munzvimbo yezvishamiso mundangariro,
Sedenderedzwa remaruva emufambi asvava
Atanhwa munyika iri kurekure.

CHITSAUKO I

Mumwena wembira

Alice akanga ava kutanga kuneta zvakanyanya nekugara pedyo nemukoma wake pamahombekombe zvakare asina chekuita. Kamwechete kana kaviri ainge ambodongorera mubhuku raiverengwa nemukoma wake asi rainge risina mifananidzo kana nhaurirano mariri, "Saka bhuku rine basa rei," akafunga Alice, "kana risina mifananidzo kana nhaurirano?"

Naizvozvo aingunopenengura mundangariro dzake (semakwanisiro aaita nokuti kupisa kwezuva iri kwaiita kuti anzwe hope zvakanyanya nekuita sefuza). Hamheno kuti mufaro wekugadzira mudungiro wehapa waikodzera here kuzvipa dambudziko rekusimuka nekunotanha mahapa acho, apo chiriporipo Mbira Chena ina meso eruvara rwepingi yakamhanya pedyo naye.

Hapana chainyanyoshamisira pachiitiko ichi, chero Alice haana kufunga kunge zvisiri mugwara kunzva Mbira ichitaura yega, "Maiwee! Maiwee! Neniwo ndichanonoka!" (paakazenge ofunga nezvazvo mumashure akaona kuti aifanirwa kunge ashamiswa nazvo, asi panguva iyoyo zvainge sezvinhu zvemazuva ose); asi Mbira payakazotora *wachi kubva muhomwe yehwasikiti yayo ndokuitarira*, ndokufambisa ichienda, Alice akati nyamu, nokuti zvakauya mundangariro dzake kuti akanga asati amboona mbira ine hwasikiti ine homwe kana wachi yekutoramo. Achitsva nehavi, akamhanya achidimura munda achiitevera, achibva angosvikoiona ichiti nyengu muzimwena rembira raive muzasi meruzhowa.

Nechinguva chakatevera, akapindawo achiitevera asingambocherechedzi kuti achazobuda sei zvakare.

Mwena wembira wakaramba uchienda setanera kwechinhambo, ndokuzobva chiriporipo wodenuka uchidzira, nechimbichimbi zvokuti Alice haana kuwana mukana wokufunga kuti ozvimisa, akangozoona atova mutsime rakadzika.

Zvimwe tsime iri rakanga rakadzika zvikuru kana kuti akadonha zvishoma nezvishoma nokuti akawana nguva zhinji yekutarisa zvakamukomberedza achidzika nokukahadzika nezvaizotevera kuitika. Chekutanga akaedza kutarira pasi kuti aone kwaakanga ari kuenda asi kwakanga kwakanyanya kusviba zvokusaona chinhu, achibva atarisa kumativi etsime ndokuona kuti akanga akazara nemakabati nemasherefu emabhuku. Pano neapo akaona mamepu nemifananidzo yakanga yakaturikwa pambambo. Akatora gaba pane imwe yemasherefu achipfuura. Rakanga rakanyorwa kuti "ORANGE MARMALADE", asi zvakamugumbura zvikuru kuona kuti rakanga risina chinhu. Haana kuda kuridonhedzera pasi nekutya kuti angauraye mumwe munhu, saka akakwanisa kuriisa mune imwe yemakabati paaitsvedza achiipfuura.

"Ho-o!" Alice akafungira mumoyo. "Mushure mekudonha sezvizvi, handichatyi kudonha pamasitepi! Vose vekumba vachafunga kuti ndakashinga zvikuru! Sei, handingazvitauri kunyangwe ndikadonha kubva pamusoro pemba!" (Izvo zvaigona kuva chokwadi.)

Kudzika, nekudzika, nekudzika. Kudzika ikoku hakuchagumi? "Handizivi kuti ndadonha mamaira mangani kusvika pandiri pano," akazvibvunza achidudza. "Ndinofanira kunge ndadzika kusvika pedyo nepakati pepasi rose. Regai ndione, zvinoreva zviuru zvina zvamamaira kudzika ndinofunga—" (Nekuti munoona, Alice akanga adzidza zvinhu zvizhinji zvomutoo uyu muzvidzidzwa zvake kuchikoro, kunyangwe zvazvo apa wakanga usiri mukana kwawo wekushamisira neruzivo rwake nokuti pakanga pasinhu akamuteerera asi yaingovawo tsika yakanaka kuzvidzokorora) "—hongu ndiwo ungangova mutunhu wacho, asi manje handizivi kuti ndasvika Ratichudhi kana Rongichudhi ipi, (Alice akanga asina ruzivo rwechinonzi Ratichudhi kana Rongichudhi asi akangofunga kuti aive mazwi akanaka anoshamisira ekutaura.)

Pakarepo akabva atanga zvakare. "Zvichireva kuti ndingadonha napakati penyika kusvika kune rimwe divi? A-a, zvinganakidza zvikaita kuti ndibude ndava mukati mavanhu vanofamba vakapidiguka! Kupidiguka kwezvinhu ndinofunga—" (akafara nokuti pakanga pasina akanga akateerera panguva ino nokuti inzwi racho rakanga risiro rakakodzera) "—munoziva, saka ndichatofanira kuvabvunza kuti zita renyika iyi chii. Pamusoroi amai, iyi iNew Zealand kana kuti Australia?" (akabva ayedza kutyora muzura paaitaura, pafunge *kutyora muzura* iwe uchidonha nomumhepo! Unofunga ungazvikwanise?) "Saka mai ava vachafunga kuti ndiri fuza rakasikana rakadini kana ndavabvunza? Kwete, hazviite kuti ndibvunze. Zvichida ndichaona pazvinenge zvakanyorwa."

Kudzika, kudzika nekudzika. Pakanga pasina chimwe chekuita saka Alice akatangazve kutaura. "Ndinofunga Dhaina achandisuwa chaizvo manheru anhasi." (Dhaina yaiva kiti.) "Ndinovimba vacharangarira chindiro chake chemukaka panguva dzetii. Vasikana:a Dhaina:a! Ndinoshuvira sei kuti dai wanga uneni muno mandiri! Ndine hurombo muno mumhepo hamuna mbeva asi ungangobata chimuremwaremwa. Unoziva, chakangofanana nembeva. Gara zviya kiti dzinodya zviremwaremwa?" Parizvino Alice akatanga kubatwa nehope ndokuenderera mberi achizvibvunza semunhu ari mumadzikirira, "Kiti, dzinodya zviremwaremwa? Kiti, dzinodya zviremwaremwa?" Uye dzimwe nguva, "Zviremwaremwa zvinodya kiti?" Nokuti munoona, sezvo akanga asingakwanisi kupindura chero umwe wemibvunzo iyi, zvakanga zvisina basa kuti abvunza sei. Akanzwa kuti akanga obatwa nehope achangotanga kurota achifamba akabatana mawoko naDhaina achiti kwaari nemoyo wose, "Zvino Dhaina ndiudze chokwadi. Wati wakambodya chiremwaremwa?" Ndipo chiriporipotyo akanzwa: dhu! dhu! ndiye dhi, pamusoro pedutu rezvitanda namashizha akaoma, ndiye kudzira kuya kuchiperawo.

Alice haana kana kumbokuvara uye nechinguvana akati nyamu kusimuka. Akatarira mudenga asi raingova rima roga. Mberi kwake kwaiva neumwe mukoto ndokuonazve Mbira Chena iya ichidzika nokukasika nawo. Pakanga pasisina nguva yekutambisa. Alice ndiye tande semhepo achitevera, ndokungosvikira kunzwa ichiti payaikona, "A-a nhasi zvangu, kwava kutosviba!" Paakakonawo akanga ava padyopadyo nayo asi Mbira yakabva yanyangarika. Akazviona ava mukamuri refu rine denga rakadzikira maiva nechiedza chaibva kumudungwe wemarambi akanga akarembera kubva mudenga racho.

Paive nemakonhi akatenderedza kamuri iri asi ose aive akakiiwa. Alice akati adzika nedivi rose ndokukwidza nerimwe achiedza makonhi, akafamba napakati akasuruvara achishaiwa kuti zvino waizopabuda sei zvakare.

Akakaruka aona tafura yegirazi rakasimba yaive nemakumbo matatu. Patafura paisava nechinhu kusara kwekakiyi katikitiki kegoridhe. Chakatanga kuuya mupfungwa dza-Alice ndechekuti kiyi ingangove yerimwe remakonhi aive mukamuri asi maiwe-e kakiyi aka kakanga kari kadikisa pane pakaifanira kupinda kachikiyinura. Saka kakatadza kuvhura kana rimwe chete zvaro ramakonhi aya. Sezvineiwo pakutenderera kechipiri akaona keteni raakanga asina kuona pakutanga uye seri kwaro kwaiva nekakonhi kangaite mainjizi gumi nemashanu. Akaedza kakiyi kadiki kegoridhe kaye pasuwo zvikamufadza zvikuru pakakwana!

Alice akazarura gonhi iri ndokuona kuti raipinda mumukana muduku usina kumbokura kudarika mwena wemakonzo. Akapfugama ndokutarisa mumukoto uya ndokuona bindu rakaisvonaka zvisakamboonekwa. Akashuvira sei kubuda murima remukamuri iri kuti afambe zvake mubindu remaruva nezvitubu zvinotonhorera asi haana kukwanisa kupinza kana musoro zvawo pamukova uyu, "Chero zvawo musoro wangu ukakwana," Alice akafunga, "hazvina zvazvinobatsira pasina mapendekete angu. A-a, dai ndichigona kupeteka zvangu seteresikopu! Ndinofunga ndingazvigone, dai chete ndangoziva kuti ndotanga sei." Nokuti munoona, zvinhu zvizhinji zvisinganzwisisiki zvakanga zvaitika munguva iyoyi zvokuti Alice akatanga kufunga kuti zvinhu zvishomanana kwazvo zvainge zvingakwanisiki.

Zvaitaridza kuti pakanga pasina chekumirira pakasuwo kadiki aka saka akadzokera kutafura achishuvira kuti angangowana imwe kiyi kana kuti bhuku renzira dzokupeta vanhu semateresikopi. Ikozvino akawana pane kabhodhoro kadiki ("chokwadi iri ranga risipo pakutanga," akadaro Alice). Muhuro maro makanga makasungirirwa chikwangwani chebepa chaiva nemanzwi anoti "NDIMWE" akanyatsonyorwa zvakaisvonaka namavara makuru.

Zvose zvainge zvakanaka kuti "Ndimwe", asi kasikana kakangwara, Alice, kakanga kasiri kuzozviita nechimbi-chimbi. Akati, "Kwete ndichambotanga ndatarisa kuti ndione kuti hapana kunzi '*muchetura*' here kana kwete," nokuti akanga averenga tunyaya tuzhinji twaifadza twavana vakatsva kana kudyiwa nezvikara zvesango nezvimwe zvizhinji zvisina kunaka nekuti vainge varega kurangarira mitemo midikidiki yavakanga vadzidziswa neshamwari dzavo, sokuti: simbi yekukuchidzirisa moto inokupisa ukaramba wakaibata kwenguva refu; ukazvicheka nebanga zvakadzika pamunwe, kazhinji unobuda ropa; uye akanga asina kukanganwa kuti ukamwa zvakanyanya kubva mubhodhoro rakanzi "muchetura", unobva watoenda kwamupfiganebwe.

Asi bhodhoro iri rakanga risina kunzi "muchetura", saka Alice akati regai ndiravire uye mushure mekunzwa ichinaka kwazvo (yainge iri yemusanganiswa wecheri, kasitadhi, chinanazi, ngarukuni rakagochwa, tofi nechingwa chakatositwa chinopisa chine majarini), akabva aipedzisa ipapo.

"Manzwiroi asinganzwisisiki?" akazvibvunza Alice. "Ndinofanira kunge ndiri kupeteka seteresikopu!"

Chokwadi ndizvo zvazvaiva zvava. Akanga zvino ave mainjizi gumi paurefu, saka chiso chake chakasununguka paakaona kuti akanga zvino ave nomumhu chaiwo waikwana pakasuwo kadiki achipinda mubindu rakaisvonaka. Naizvozvo chekutanga akambomira kwemaminetsi mashoma kuti aone kana ainge acharamba achidzoka pamumhu. "Ainzwa kutya zvishoma nezvazvo, "munoona, zvinogona kupera," Alice akazvitaurira, "ndikapedzisira ndapera zvachose sekadyera. Hamheno kuti ndinenge ndaita sei zvino!" Akada kuedza kuona mupfungwa dzake chimiro chemurazvo wekandyera mushure mekunge iro radzimwa nokuti akatadza kurangarira achimboona chinhu chakaita saichocho.

Mushure mechinguvana aona pasinazve chaitika, akabva azvipira kupinda mubindu riya nekukasika asi maiwe-e, VaAlice vangu, paakasvika pamusiwo akaona kuti akanga akanganwa kakiyi kegoridhe kaya. Paakadzokera kutafura kunokatora, akaona kuti akanga asisakasvikiri. Ainyatsokaona zvakanaka nemugirazi ndokuedza kukwira nerimwe gumbo retafura asi raiswedzesa. Paakanga zvino achineta nekuedza, VaAlice vangu takagara pasi ndokuchema.

"Haiwa hapana chinobatsira pakuchema saizvozvo!" akadaro Alice achizvituka ndokuenderera mberi achiti, "Zvirege izvo!" Munguva zhinji aizvipa mazano kwawo (chero zvake kaiva kashoma kuatevedzera), uye dzimwe nguva aizvituka zvinorwadza zvokuti meso ake aizara misodzi. Akarangarira imwe nguva achiedza kuzvirova nzeve dzake apo ainge azvibirira mumutambo wemabhora unonzi kiroketi waaizvikwikwidza oga nokuti mwana wekuda kuziva zvinhu uyu aifarira kuzvitora kunge vanhu vaviri. "Asi hazvibatsiri iko zvino," vakafunga VaAlice vangu, "kuzvitora sevanhu vaviri. Ko zvichinei! Ini wacho ndasara handichatombokwanisi kuumba munhu umwe chete anoremekedzeka."

Nechinguvana akaona kabhokisi kegirazi kakanga kari pazasi petafura; akavhura ndokuona mune kakeke kakanga kakanyorwa zvakaisvonaka kuchishandiswa michero kuti "NDIDYE". Alice akati, "Ya-a! Ndinoridya kuti kana rikaita kuti ndikure ndinobva ndasvikira kiyi asi kana rikaita kuti ndidupuke, ndichasenerera nepasi pegonhi, saka chero zvaitika ndinobva ndapinda mubindu, naizvozvo handina basa kuti chaitika ndechipi!"

Akati idyei ndokuti zvine kakutya mukati, "Nokupi? Nokupi?" Aidaro akabata pamusoro pemusoro wake kuti anzwe kuti uri kukura uchienda divi ripi asi akashamisika kwazvo kuona kuti wakangoramba wakadaro. Ichokwadi, izvi zvinowanzoitika kana munhu adya keke; asi Alice akanga asingachagoni kutarisira kuti hapana chinoitika asi kuti panofanira kuve nezvimwe zvisinganzwisisiki zvinoitika. Kwaari zvanga zvoita sezvinhu zvisina maturo kana zveufuza kuti upenyu huendeke semazuva ese.

Naizvozvo akatangana naro zvekuti nechinguva chisipi akapedza keke.

*   *   *   *

*   *   *

*   *   *   *

Chitsauko II

Dziva reMisodzi

"Kudasisa kuziva nekudasisa kuziva!" Alice akadaidzira (akashamisika kuti panguva iyoyo akanga atokanganwa kutaura ChiShona zvakanaka). "Zvino ndava kuvhurika seteresikopu hurusa yati yamboonekwa! Chisarai vanatsoka!" (Nokuti paakatarisa kutsoka dzake dzakanga dzisati dzichanyatsa kuonekwa, dzoramba dzichienda kurekure). "Maiwe-e kani, tutsoka twangu! Zvino ndiyani achakupfekerai shangu dzenyu nemasokisi, vadikanwi vangu? Ndine chokwadi kuti ini handichakwanisi. Ndichange ndave kuresa zvokuti handizokwanisi kufunga nezvenyu. Motonyatsozvibatsira sokukwanisa kwenyu—asi ndinofanira kudziitira tsiye nyoro," Alice akafunga, "zvichida hadzizofambi nenzira yandinoda kuenda nayo! Regai ndione. Ndichadzipa peya yeshangu paKisimisi yogayoga."

Akaenderera mberi nokuronga kuti achazviita sei. "Dzinofanira kuenda nevatakuri vezvinhu kana vanamaraicha," akafungazve, "uye zvichasetsa fani, munhu kutumira zvipo kutsoka dzake! Zvakare rairo dzemaendero acho dzinotonetsa!

VaTsoka yaAlice yokurudyi
Chichira chapedyo nechoto
Pedyo nevhiri
(nerudo rwaAlice).

Maiwe-e zvangu, zvisina maturo zvandiri kutaura izvi zvii?"

Pachinguva ichocho musoro wake wakarovera padenga rekamuri. Parizvino akanga ava mafiti mapfumbamwe kuenda mudenga achibva atora kakiyi kegoridhe kaya ndokumanya kunovhura musuwo webindu.

VaAlice vangu! Ndizvo zvaakangokwanisa kuita somunhu wakanga akavata nerutivi, kudongorera mubindu neziso rimwe, kuti apinde, zvaiva zvisingafi zvakakwanisika. Akagara pasi ndokutanga kuchemazve.

"Unofanirwa kuzvinyarira," akadaro Alice, "musikana akakosha sewe," (regai adaro hake), "kuramba uchichema sezvauri kuita izvi? Ndati nyarara izvozvi!" Asi zvakadaro hazvo akaramba achingochema iyo misodzi dziri hova dzemvura, kusvika atenderedzwa nedziva rakadzika mainjisi mana emvura yakafutsira chikamu chapakati chekamuri raaive.

Kwapera chinguva akanzwa tumutsindo twetsoka nechekure achibva akasira kupukuta misodzi kuti aone chakanga chiri kuuya. Yakanga iri Mbira iya Chena yakanga yodzoka yachishongedzwa zvakaisvonaka ine peya yamagurovhosi evadiki muruoko nefeni huru muno rumwe. Akauya achindondodza nekukasira achinguruma oga, "Ha-a! Mai vemba yeuMambo, Mai vemba yeuMambo! Ha-a! Havangandiitiri ukasha kana ndavamisa kwenguva?"

Alice akanga apererwa zvekuti akanga oda kutsvaka rubatsiro kuna ani zvake, saka Mbira zvaakasvika pedyo naye, akatanga kutaura nenzwi riri pasi rine kakutya,

"Pamusoroi Changamire—" Mbira yakavhunduka zvine simba ndokudonhedza magurovhosi evadiki nefeni ndokukasira kuti nyengu murima ndiye nya.

Alice akatora feni iya nemagurovhosi, uye sezvo mukamuri umu maipisa zvikuru, akatanga kufuridza mhepo nayo ndokuenderera mberi achitaura. "Zvangu ini, zvangu ini! Zvinhu zvose nhasi hazvinzwisisiki. Asi zuro, zvinhu zvaingofamba semazuva ose. Kuti ndingava ndashandurwa usiku? Regai ndifunge. Ndamuka ndirini here mangwanani anhasi? Ndinofunga sokuti ndinorangarira ndichinzwa sokunge ndisirini. Asi kana ndisisirini mubvunzo unotevera ndowokuti, 'Ndimbori aniko ini pasi pano?' A-a ichi ndicho chirabwe chisina dudziro!" Akabva atanga kufunga nezvavamwe vana vese vakanga vari zera rimwe chete naye vaaiziva kuti aone kana akanga asina kushandurwa kuitwa umwe wavo.

"Ndine chokwadi chokuti handisi Ada," akadaro, "nokuti bvudzi rake rakareba riri madenderedzwa asi rangu harina madenderedzwa zvachose. Ndine chokwadi zvakare kuti handingavi Mabel, nokuti ndinoziva zvinhu zvakasiyanasiyana asi iye anoziva tushomashoma. Zvakare iye ndiye asi ini ndini, zvakare—ini zvangu ini, zvose zviri kungovhiringidza! Ndichaedza kuona kuti ndiri kuziva here zvinhu zvese zvandaisiziva. Regai ndione: foo kutaimuza nafaifi igumi nembiri, foo taimuzi sikisi igumi nenhatu huye foo taimuzi sevheni ndi—maiwe-e zvangu! Handifi ndakasvika kumakumi maviri namaitiro aya! Nerimwe divi kutaimuza hakuratidzi, regai ndiedze Jogirafi. London iguta guru reParis, uye Paris iguta guru reRome neRome—kwete zvese handizvo, ndine chokwadi! Ndinofanira kunge ndashandurwa kuita Mabel! Regai ndiedze kutaura kuti '*Rinoita sei iro diki*—'," achibva apeta maoko ake semunhu ari kuita zvidzidzo ndokutanga kuidzokorora asi inzwi rake rakashoshoma uye risingachanzwisisiki zvakare, manzwi haana kuuya semauiro aaisiita:—

"Rinoita sei garwe diki
Rinonhadzurudza muswe waro unopenya,
Nokudira mvura yeNile
Pachikero chogachoga chegoridhe!

"Iko kuzhinya nemufaro,
Iko kuzotambaradza shaya zvakanaka,
Nokutambira tuhove mukati,
Neshaya dzinosekerera zvakapfavirira!"

"Ndine chokwadi chokuti haasiriwo mazwi acho," VaAlice vangu vakadaro, meso azarazve misodzi achienderera mberi, "Ndinofanira kunge ndatove Mabel chokwadi! Saka ndinofanira kuenda kunogara mukaimba kasina kana maturo, ndisina zvokutambisa? Ini zvangu ini, zvokudzidza zvacho kuwanda! Kwete, ndafunga zvokuita nezvazvo. Kana ndiri Mabel, ndinogara zasi kuno kwandiri. Hazvina zvazvinenge zvichabatsira kudongorera vachiti, 'Kwira kuno kumusoro zvakare mudikani!' Ndichangotarisa kumusoro chete ndoti, 'Saka ndini ani? Tangai mandiudza izvozvo kuti kana ndichida kuva munhu iyeye ndigouyako. Pasina izvozvo ndinogara kuno kusvika ndava mumwe munhuzve'—asi a-a ini zvangu ini!" Alice akazvidemba uku misodzi ichidzatuka. "Dai zvaibvira vangodongorera havo muno! Ndazoneta nekuva ndogandoga muno!"

Paaingunotaura kudai, akatarisa maoko ake ndokushamisika kuona kuti akanga apfeka kamwe kagirovhosi kevana kaMbira. "Ko ndazviita sei?" Alice akazvibvunza. "Ndinofanirwa kunge ndave kuita mudiki zvakare." Akasimuka ndokuenda kutafura kunozvipima nayo, ndokuona kuti sezvaainge afungidzira, akanga zvino angoreba anenge mafiti maviri, zvakare achiramba achisvava nekukasika. Akabva aona kuti chaikonzeresa kudaro ifeni yaakanga akabata, ndokuidonhedza pasi nekukasira zvichibva zvamubatsira ipapo kuti asasvava zvachose.

"Ndapona nepaburi retsona!" Alice akadaro achitya zvikuru shanduko yakaerekana yaitika asi achifara zvikuru kuona kuti akanga achiri mupenyu. "Saka ndonanga kubindu!" Akabva amhanya semhepo achidzokera kukamusiwo kadiki, asi maiwe-e kamusuwo kaya kakanga kavharwa zvakare, kakiyi kaya kegoridhe kari pamusoro petafura sepakutanga, "Zvinhu zvachinyanya kushata," VaAlice vangu vakafunga, "Handina kumbenge ndiri kadukuduku sezvizvi, kana! Zvakare ndinodudza pachena kuti zvakashatisisa, kushatisisa ndiko kwazvakaita!"

Paaingunotaura mashoko aya, rimwe gumbo rake rakasvedza, ndiye bvuva ndokunyura kusvika muchirebvu mumvura ine munyu. Pfungwa yekutanga yakauya kwaari ndeyekuti anokaronge akanga awira mugungwa, "Saka kana zvakadaro ndinogona kudzokera nechitima." Akazvitaurira. (Alice akambenge aenda kumahombekombe egungwa kamwe chete muupenyu hwake achibva angofunga kuti chero kwawaenda uri kumahombekombe ari kuHingirandi, unowana chitsama chemichina yekugeza mugungwa, woona vana vachichera jecha nefoshora dzedanda, kotevera mudungwe wedzimba dzamaroji huye seri kwadzo kune chiteshe chechitima.) Asi zvadaro hazvo akazoona kuti akanga ari mudziva remisodzi yaakanga achema paakanga achiri mafiti mapfumbamwe kureba.

"Dai ndaziva ndisina kuchema zvakanyanya!" Alice akadaro achishambira achiedza kutsvaga nzira yekubuda nayo. "Ndichazvirangirwa zvino, ndoona kudaro, nokunyudzwa mumisodzi yangu pachangu. Chingave chisionekwi chokwadi! Asi hazvo zviitiko zvose zvanhasi zvinhu zvisionekwi."

Pakarepo akabva anzwa chimwe chinhu chairova mvura mudzivamo nechekure naye ndokubva ashambira achiswedera kwachiri kuti aone kuti chii. Pakutanga akafunga kuti ishumba yemumvura kana kuti mvuu, asi akazorangarira madupikiro aakanga aita zvino ndokubva aona kuti yaingova mbeva yakanga yasvedzera mudziva saiye.

"Zvingava zvine zvazvichabatsira here zvino kutaura nembeva iyi? Alice akazvibvunza. "Zvinhu zvese hazvina kumira zvakanaka zasi kuno zvokuti ndinofunga inogona kudaro ichigona kutaura, zvakare hazvina mhaka kuedza. Saka akabva ati, "Nhai Mbeva, unozivawo mabudiro angaiitwe mudziva rino? Ndaneta nekungoshambirashambira muno nhai Mbeva wena!" (Alice akafunga kuti iyi ndiyo yaiva nzira yakanaka kutaura nayo kumbeva. Akanga asati ambozviita asi akarangarira kuti akambenge aona mubhuku rehanzvadzi yake reDudziramutauro weRatini, "Mbeva—yembeva—kumbeva—mbeva—nhai mbeva!" Mbeva yakamutarisa zvine mubvunzo, asi iye akaona seyachonya nerimwe retumaziso twayo, asi haina chayakataura.

"Zvichida haizivi ChiShona," Alice akafunga. "Ndinoona imbeya yeChiFurenji yakauya naWilliam, Mupambi." Kunyangwe noruzivo rwake rwose rwezvenhoroondo, Alice akanga asingachazivi kuti zvinhu zvakaitika riini." Saka akatizve, "Où est ma chatte?", uyu ndiwo wakanga uri mutsara wokutanga mubhuku rake rezvidzidzo zveFurenji. Mbeva yakati svetu kubuda mumvura, ichibvunda nokutya. "Maiwe-e ndiregererewo!" Alice akakasira kudaro, achitambura kuti akanga arwadzisa VaMbeva vangu. "Ndakanganwa kuti haufariri kiti."

"Kusada kiti?" Mbeva akadeketera nezwi riri pamusoro. "Kudai uriwe ini ungada kiti?"

"A-a pada kwete," Alice akadaro nenzwi rekudzikamisa. "Usatsamwe hako nezvazvo. Pamusoro pazvo ndanga ndichitoshuvira kukuratidza kiti yedu, Dhaina. Ukangaiona chete, ndinofunga ungazofarira kiti. Ikiti inofadza kwazvo," Alice akaenderera mberi zvimwe kwatovawo kuzvitaurira achishambira zvishoma nezvishoma mudziva, "Zvakare inogara padyo nemoto ichiita karuzha kayo kanonakidza, ichinanzva nzara dzayo nekugeza kumeso kwayo, pamusoro pazvo ikiti inonakidza kwazvo kuipurudzira, zvakare inyazvi pakubata mbeva—Maiwe-e ndiregererewo!" Alice akadembazve nokuti iko zvino Mbeva yakanga isisina kugadzikana yongozhurukuzha, zvakaita kuti Alice aone chokwadi kuti yatsamwa zvikuru. "Hatichatauri nezvake zvakare kana iwe usingazvidi."

"Hatiregere zvachose!" yakadaidzira Mbeya iyo yakanga yobvunda kusvika kumuswe. "Kuita sezvinonzi ndingataura nezvazvo! Mhuri yedu yakagara ichivenga kiti. Tunhu twepi twunotyisa nokunyangadza! Usataura neni zita iroro zvakare!"

"Handichazviitizve!" akadaro Alice achimhanyira kushandura musoro wenyaya. "Uno—unofarira—zve—zvembwa here?" Mbeva haina kupindura, saka Alice akaenderera nemufaro, "Pane kambwa kakaisvonaka pedo nemba yedu kandingada kukuratidza! Unoziva, kapopi kane meso anopenya, maiwe-e, kane bvudzi refu rakatsvukuruka rakamonyana zvinoyevedza. Zvakare inotora zvinhu zvaunenge wakanda, nokutyatsogara ichikumbirawo chokudya nezvimwe zvose zvakadaro, (zvimwe zvacho handitorangariri). Unoziva, ndeyeumwe murimi, zvakare anoti ine basa guru, zvokuti ingatengwa nezana remapondo. Anoti inouraya makonzo ose ne—a-a, ini zvangu!" Alice akademba nenzwi rinonzwisa tsitsi, "Maiwe-e ndaigumbura zvakare!" Nokuti Mbeva yakanga yave kushambira zvine simba ichitizira kure naye nokukonzera nyonganyonga mudziva.

Naizvozvo akaidaidza zvinyoronyoro, "Mbeva shamwari! Dzokazve kani! Hatichafi takataura nezvekiti kana imbwa kana iwe usingazvidi!" Mbeva payakanzwa izvi yakatendeuka ndokushambira zvishoma ichidzoka kwaari. Chiso chayo chakanga chasuruvara zvokuti (Alice akaona kurwadziwa kukuru), ndokubva yati nenzwi rakadzika raibvunda, "Ngatichiendai kumahombekombe ndigokuudza nhoroondo yeupenyu hwangu kuti ugonzwisisa kuti sei ndichivenga kiti nembwa."

Zvakanga zvakodzera kuti vachienda nokuti dziva rakanga rachizarisa neshiri uye mhuka dzakanga dzawira mariri. Makanga mune Dhadha, Gwasimukwasi, Tsoro nemwana weGondo netumwewo tupuka twakanga tusinganzwisisiki. Alice akatungamira, zvose zvichibva zvashambira kuenda kumahombekombe.

Chitsauko III

Mujawo weChikwata neRungano Rurefu

Chaive chikwata chisinganzwisisiki chakandoungana kumahombekombe. Kwaiti shiri namambava adzo akati tapatapa kunyorova, koti mhuka nemvere dzadzo dzakati name nemuviri, zvose zvichichururuka mvura, zvakatsamwa uye zvisingafari.

Mubvunzo wekutanga waiva wokuti chikwata chaizooma sei zvakare. Chakabvunzana pamusoro pazvo. Mushure mamaminitsi mashomashoma, Alice akatoona ave kutaura nemhuka neshiri idzi nenzira inoita sekuti akanga azivana nadzo kweupenyu hwake hwose. Zvechokwadiwo akatokakavadzana naTsoro kwenguva refu kusvikaTsoro asuruvara ndokuzongoti, "Unofanira kuziva kuti ndiri mukuru kwauri saka ndinofanira kuziva kukudarika." Izvi Alice haana kuzvitendera asati aziva kuti Tsoro una makore mangani, saka sezvo Tsoro akaramba kutaura makore ake, pakanga pasisina chimwezve chokutaura.

Mbeva uyo aiita sekuti ndiye munhu ane simba pakati pavo, ndiye akazodaidzira achiti, "Garai pasi muteerere kwandiri! Ndichaita kuti mose muome zvakakwana!" Vose vakabva vagara pasi vakaita denderedzwa, iyo Mbeva iri pakati. Alice akaramba akati meso ndee pairi asina kugadzikana nokuti ainzwa kuti anogona kubata chikosoro chakashata kana akasaoma nekukasira.

"Ya-a!" yakadaro Mbeva ichizvikudza. "Magadzirira mose here? Ichi ndicho chinhu chakagozhesa chandinoziva. Ndati nyararai mose! 'William, Mupambi aive nechinangwa chaifarirwa naPope, akapedzisira ateererwa navaRungu avo vaida vatungamiriri, akanga zvino ajairira kubvuta masimba nekukurira. Edwin naMorcar, madzimambo eMercia neNorthumbria—'"

"U-u!" Tsoro akadaro achibvunda.

"Wati kudii?" akadaro Mbeva achifinyamisa kumeso asi nerukudzo rukuru ndokuti, "Wataura?"

"Kwete ini!" Tsoro akakasira kupindura.

"Ndafunga kuti wataura," akadaro Mbeva. "Ndoenderera mberi. 'Edwin naMorcar, madzimambo eMercia neNorthumbria vakazvipira kwaari, zvokuti nyangwe Stigand, Archbishop weCanterbury, uyo airemekedza nyika yake akaona zvakakodzera—'"

"Vakaona chii?" akabvunza Dhadha.

"Vaka*zvi*ona," Mbeva akapindura aita sokushatirwa, "unonyatsoziva kuti 'zvi' iri kurevei."

"Ndinonyatsoziva zvinoreva 'zvi' kana ndawana chinhu," akadaro Dhadha. "Kazhinji rinenge riri datya kana kuti hwemhisi. Mubvunzo uripo ndowokuti, chii chakawanika naArchbishop?"

Mbeva akaita seasina kutombonzwa mubvunzo uyu, ndokukasira kuenda mberi, "'—akaona zvakakodzera kuenda naEdgar Atheling kunosangana naWilliam nokumupa ngundu yeumambo. Pakutanga maitiro aWilliliam aive nani asi vaaifamba navo vachipamba vaisateerera—' Waa kunzwa sei iko zvino mudikanwi?" yakaenderera mberi ichitarisa kuna Alice payaitaura.

"Ndichakanyorovesa!" akadaro Alice nenzwi rine kakusuwa, "Zvinenge zvisiri kutombondiomesa kana."

"Kana zvakadaro," Gwasimukwasi akadaro achisimuka asina mufaro, "Ini ndinoti musangano uchimbomira, tibve tatsvaga dzimwe nzira dzine simba rekutibatsira—"

"Taura ChiShona!" Akadaro Gondo. "Handizivi kana chidimu chezvinoreva mirabaraba yemazwi iwayo uye zvakare handitendi kuti iwe unoziva!" Gondo rakabva rakotamisa musoro waro richivanza kusekerera. Dzimwe shiri dzose dzakapwipwinyika zvinonzwika.

"Zvandanga ndiri kuda kutaura," akadaro Gwasimukwasi nekakugumbuka, "ndezvekuti nzira kwayo ingabatsira kuti tose tiome, kuronga Mujawo wechikwata."

"Chii chinonzi Mujawo wechikwata?" Alice akabvunza, kwete nekuti aida kunyatsoziva asi kuti Gwasimukwasi rakanga rambomira kutaura sekuti raitarisira kuti umwe munhu ambotaura, asi hapana akada kutara chinhu.

"Aizve, nzira kwayo yekuzvitsanangura, kutoita." Gwasimukwasi rakadaro. (Sezvo mungada kuzozviedzawo rimwe zuva muchando, ndichakuudzai kuti Gwasimukwasi rakakwanisa kuzviita sei.)

Chekutanga rakatara gwara remujawo rakaita sedenderedzwa ("Chimiro chegwara racho chaicho hachina mhaka," rakadaro), ndokubva vose vaivapo vamiswa pano nepapo vakatevedza gwara. Pakanga pasina zvokuti, "Potsi, piri, tatu kwava kuenda," Asi vaitanga kumhanya pavainge vachida nekubuda mumujawo pamadiro, saka zvakanga zvisiri nyore kuona kana mujawo wapera. Sezvineiwo mushure mekunge vamhanya kwechinenge chidimu cheawa kana kupfuura, vakanga vatooma zvakare, Gwasimukwasi ndokuerekana radaidzira richiti, "Mujawo wapera!" Vose vakabva vaungana pariri vachifemereka nokubvunza, "Asi ndiyani ahwinha?"

Uyu mubvunzo Gwasimukwasi rakanga risingagoni kuupindura risina kunyatsofunga, saka rakamira kwenguva refu chimwe chimunwe chakabata pahuma (mamiriro aya amunowanzoona akaita Shakespeare mumifananidzo yake), apo vamwe vose vamirira vakanyarara. Pakupedzisira Gwasimukwasi rakati, "Munhu wese ahwinha saka anofanira kuwana mubairo."

"Asi ndiyani achapa mibairo yacho?" Vakabvunza pamwe chete.

"Aizve, iye musikanazve!" Gwasimukwasi rakadaro richitendeka kunaAlice nemunwe, ndokubva vose vati dzvamu kunokomba Alice vachidaidzira zvisina kurongeka, "Mibairo! Mibairo!"

Alice akanga asina kana nezano rekuti oita sei ndokubva mukupererwa aisa ruoko rwake muhomwe yake ndokuburitsa zvihwitsi zvemhodzi dzakaputirwa neshuga, (rombo rakanaka nderekuti mvura yemunyu yakanga isina kuzvikanganisa), achibva ovapa semibairo. Zvaikwana chimwe chimwe kwavari vose.

"Unoziva, asi iyewo anofanira kuwana mubairo!" Mbeva yakadaro.

"Kwazvo," Gwasimukwasi rakadaro nekusuwa. "Uchine chimwe chiizve muhomwe yako?" rakaenderera mberi richiteukira kunaAlice.

"Chokuvharisa munwe pakusona chete," Alice akadaro akasuwa.

"Ndipe hecho kuno," Gwasimukwasi rakadaro.

Vakabva vamuunganira zvakare apo Gwasimukwasi raimupa chivharo chiya nemoyo wose richiti, "Tambira chivharo chakanakisa ichi." Gwasimukwasi richipedza kanhaurwa aka, vose vakapembera.

Alice akaona zvose sedambe asi haana kuseka nokuti vamwe vose vairatidza kuzvikoshesa, saka paakashaya chokutaura akangokotamisa musoro wake achitambira chivharo chiya akadzikamira sezvaitarisirwa.

Chinhu chaitevera kwaiva kudya zvihwitsi zviya. Izvi zvakakonzera ruzha nenyonganyonga, shiri huru dzichinyunyuta kuti hapana chadzainge dzanzwa idziwo doko dzichidzipwa zvokuti dzaizoda kurohwa pamisana. Zvisinei, zvakazopera ndokubva vose vagara pasi vakaita denderedzwa, ndokukumbira Mbeva kuti ivataurire zvimwezve.

"Unoziva, wandivimbisa kundiudza nhoroondo yeupenyu hwako," Alice akadaro, "uye kuti sei uchivenga—Ki—neMbw—" akawedzera nekazevezeve, achityira kuti angangoigumbura zvakare.

"Rwangu rungano rurefu rwunosuwisa!" Mbeva yakadaro ichitarira kuna Alice nekutura femo.

"Zvechokwadi muswe murefu," Alice akadaro achitarisa nokushamisika nomuswe weMbeva, "Asi sei uchiti runosuwisa?" Akaramba achinetseka nazvo apo Mbeva yainge yava kutaura zvokuti maonero ayo erungano akanga akaita sezvizvi:—

"Nyahasha aka-
ti kumbeva, Yaa-
kaona mumba,
'Handei tose ku-
dare. Ndinono-
kutonga. Hande,
handikubvu-
midzi kura-
mba. Tino-
fanirwa
kumiswa
padare
nokuti
chokwadi
mangwa-
nani ano
handina
chekuita.'
Yakadaro
mbeva kumbwa,
'Dare rakadaro
changamire
wangu,
risina
vatongi
kana jaji,
kungava
kutumbisa
nguva
yedu.'
'Ndini
ndichava
jaji
ndini
ndichava
vatongi,'
akadaro
Nyahasha
wemai-
tiro
eukopo-
kopo.
'Ndicha-
tonga
nyaya
Yose
ndoku-
tonge-
ra
rufu.'

"Hausi kuteerera!" Mbeva yakataura kunaAlice zvakasimba. "Uri kufungei?"

"Ndine urombo," akadaro Alice nekuzvininipisa kukuru. "Manga masvika pakona yeshanu, ndinofunga."

"Mira handisati!" Mbeva yakadaidzira nezwi riri pamusoro yakashatirwa.

"Mira!" Alice akadaro achitaridza kunetseka asi achiedza senguva dzose kuva munhu kwaye. "A-a regai ndibatsire amire nemakumbo!"

"Handisi kuzoita zvakadaro," yakadaro Mbeva ichisimuka nekufamba ichienda. "Kunditsvinyira kutaura zvisina maturo kudaro!"

"Ndanga ndisingadi kuti zvidaro!" VaAlice vangu vakadembetera. "Unoziva, unongokasirawo kugumbuka!"

Mbeva yakangodzvova semhinduro.

"Ndapota dzoka upedzise nyaya yako!" Alice akaidaidzira, vamwe vose vachibva vapindirawo, "Chokwadi dzoka!" Asi

Mbeva yakangozunza musoro wayo isisina basa nazvo ndokutowedzera kufambisa.

"A-a zvinosiririsa kuti watadza kuramba ari pano!" Tsoro rakademba apo Mbeva yakanga isati ichaonekwa. Izvi zvakabva zvapa Gakanje mukana wokuti kumwanasikana waro, "Mudikanwi! Ichi ngachive chidzidzo kwauri kuti usangokasira kushatirwa!"

"Mirai mhai!" Chakadaro chiGanganje chidoko chichivadimurira. "Maitiro ako aya anomutsa hasha dzehove iya inocheka!"

"Ndinoshuva sei kuti dai ndanga ndinaDhaina pano, ichi ichokwadi chaicho!" Alice akataura achidaidzira asina waakananga. "Angadai anoidzora izvozvi!"

"Saka Dhaina ndiyani kana ndingabvunzawo mubvunzo?" ITsoro iyo.

Alice akapindura nechido nokuti aigarofarira kutaura nezvekiti yake, "Dhaina ikiti yedu uye inyanzvi pakubata mbeva zvisingabviri. Maiwe-e ndinoshuva kuti dai waizomuona achimhanyisa shiri! Sei ndichidaro, kungoona kashiri kadiki otokadya!"

Nhaurwa iyi yakakonzera kusagadzikana muchikwata. Dzimwe shiri dzakabva dzatobvapo nekukasira. Rimwe Gunguo rakabva ratanga kunyatsozvipeta richiti, "Ndinofanira kunge ndava kuenda kumba, mhepo yeusiku iyi haindiitiri zvakanaka pahuro pangu!" Chisisi chakabva chatanga kudeedza vana vacho nenzwi raidedera, "Chihandei vanangu! Munofanira kunge mose matovata!" Dzimwe shiri dzakapawo zvadzo zvikonzero zvakasiyana, ndokupararira, nechingunavana, Alice sare angova oga.

"Dai ndaziva ndisina kupinza zvaDhaina munyaya!" akazvidemba nenzwi rinosiririsa. "Zvinoita sokuti zasi kuno hakuna unomuda asi ndinonyatsoziva kuti ndiyo kiti yakanakisa pasi rino rose! A-a Dhaina wangu! Kuti ndichazofa ndakakuona zvakare! Pakarepo VaAlice vangu vakabva vatanga kuchema zvakare nokuti vakanga vonzwa kusurikirwa nekudzikira zvikuru pamweya. Zvisinei, nechinguvana akanzwazve tutsoka twaifamba nechekure ndokutarisisa ane fungidziro yekuti Mbeva yakanga yashandura mafungiro ndokudzoka kuzopedzisa nyaya yayo.

Chitsauko IV

Mbira anotuma kaDzvinyu mukati

Yakanga iri Mbira Chena yainzunzutira ichidzoka zvakare ichitarisatarisa isina kugadzikana kuita sezvinonzi yakanga yarasa chimwe chinhu. Akainzwa ichin'un'una ichiti, "Mudzimai weimba yehumambo! Mudzimai weimba yehumambo! A-a ini zvangu! A-a ndoita zvekudiiko ini! Anotondiuraisa! Shiri inomuririro wayo hairegi! Ndinoshaiwa kuti ndingava ndaadonhedzera kupi?" Alice akabva aziva kuti iri kutsvaka feni nemagirovhosi machena evadiki zviya-a, ndokubva atongotanga kuzvitsvaga asi akazvishaiwa. Zvinhu zvose zvaiita sokuti zvakanga zvashanduka kubvira paakanga ashambira mudziva. Kamuri riya guru maiva netafura yegirazi nekakonhi kaya kadiki zvakanga zvanyangarika zvachose.

Pakarepo Mbira yakabva yaona Alice apo aingondeya achitsvaka ndokudaidzira kwaari nenzwi rine hasha, "Nhai Mary Ann, chii chauri kuita kuzhe kuno? Mhanya kumba izvozvi unonditorera peya yamagirovhosi nefeni! Kasira izvozvi!" Apa Alice akatya zvikuru zvokuti akabva amhanya akananga kwayakanga yatendeka pasina kuedza kutsanangura kuti yakanga yaresva kuona.

"Andiona semusikana wake webasa?" akadaro achimhanya. "Achashamisika sei paachaziva kuti ndini ani! Asi regai ndimuvigire feni yake nemagirovhosi-ndokunge ndazviwana." Paaitaura kudaro, akaona asvika pakaimba kakaisvonaka. Pamusuwo pako pakanga pane chikwangwani chinopenya chebhurasi chakanzi, "MBIRA CHENA". Akabva apinda asina kana kugogodza ndokumhanya achikwira kukamuri yekumusoro achitya zvikuru kuti zvimwe angasangana naMary Ann chaiye akadzingwa mumbamo asati awana feni iya nemagirovhosi.

"Chisionekwi," Alice akataura oga, "Kutumwa zvokuita neMbira! Zvinoreva kutika munguva inotevera Dhaina anogona kutonditumawo zvekuita." Akabva atanga kufungidzira zvingazoitika kana zvadaro, "'Muzvare Alice! Huya pano izvozvi uchigadzirira kumbofambafamba!' 'Ndiri kuuya izvozvi muchengeti wangu!' asi ndinofanirwa kumbotarisa mwena wembeva uyu kusvika Dhaina adzoka kuti azoona kuti mbeva yacho haibudi.' Chete handifungi," Alice akaenderera mberi, "kuti vangazorega Dhaina achigara mumba kana akatanga zvekutumatuma vanhu saizvozvo!"

Panguva idzi akanga apinda mukakamuri kakarongedzwa zvakanaka maive netafura pedyo nehwindo, uye pamusoro payo tafura iya, (sezvaakanga achingoshuvira) paiva nefeni nemapeya maviri kana matatu etumagirovhosi tuchena twevana vadiki. Akatora feni iya nepeya yemagirovhosi. Paya pooti achibuda mukamuri umu, akabva aoona kabhotoro kakanga kari pedyo negirazi rokuzvionesa. Rwendo runo pakanga pasina kunyorwa pariri kuti "NDINWE", asi zvakadaro akarivhura ndokuriti tsitsa pamiromo yake. "Ndinoziva kuti pane chinonakidza chinoitika chete," akataura oga, "pese pandinonwa kana kudya chimwe chinhu, saka ndongomirira kuona zvichaitika nebhotoro iri. Ndinongotarisira kuti richaita kuti ndikure zvakare, nokuti chokwadika, ini ndaneta nokuva kanhu katikitiki kakadaro!"

Zvakabva zvaitika sokudaro asati ambodii, asati atombonwa chidimu chepakati chezvaiva mubhotoro, akanzwa musoro wake wava kutotunga denga remba, zvokuti akabva atoita kukotamira kuti mutsipa wake usavhunika. Akabva atsveta bhotoro riya pasi nekukasira achiti, "Zvakwana, ndinovimba handicharambi ndichikura zvakare, nokuti sezvazviri handichakwanisi kubuda pamusuwo. Dai ndaziva ndisina kumwa zvakanyanya!"

Maiwe-e! Zvakanga zvisisabatsiri kuti ashuvire izvozvo! Akaramba achikura, nokukura zvokuti akapedzisira apfugama pasi. Muminiti yakatevera pakanga pasisina kana nzvimbo yokudaro. Akadoedza kuvata pasi rimwe gokora riri pamusuwo uye rumwe ruoko rwakamonera musoro asi akaramba achingokura zvokuti pakupedzisira akaburitsa rumwe ruoko napahwindo rimwe gumbo richikwira nemuchimini ndokutaura oga achiti, "Iko zvino hapana zvimwe zvandichagona kuita chero zvazvaita. Ndichava chii?"

Alice akaita rombo rakanaka nokuti kabhotoro kemashiripiti kakanga kapedza mashiripiti ako saka haana kuzoramba achikura zvakare asi aive asina kusununguka zvokuti akashaiwa mufaro sezvo aiona kuti pakanga pasina mukana wokuti angazofa akakwanisazve kubuda mukamuri iri.

"Kumba kwaifadza zvikuru," vakademba VaAlice vangu, "sezvo munhu aisagara achingokura kana kuita mudiki uye asingangotumwitumwi nembeva nembira. Ndave kutodemba hangu kuti dai ndisina kudzira nemwena uya wembira—asika—asika—munoziva! Asi upenyu uhu hunongodawo kuti munhu ahunzwisise! Ndinoshaiwa kuti chii chingava chaitika kwandiri! Pandaisiverenga ngano, ndaitendera kuti zvinhu zvakadaro zvaisafa zvakaitika asi hezvino ndiri pano pakati pazvo! Panofanira kuva nebhuku richanyorwa nezvangu, iri, rinofanira kuvapo! Uye kana ndakura ndinotonyora chete. Asi ndakura izvozvi," akadaro akasuwa zvikuru, "Zviri nani nokuti hapasisina mukana muno wokuti ndirambe ndichikura zvakare."

"Asika," Alice akadzamisa pfungwa, "Handichafi ndakakura kupfuura zvandiri iko zvino? Izvozvo zvingatondinakira neimwe nzira. Kufa ndisina kumboita chembere! Asika kuramba uchingova nezvidzidzo zvekudzidza! A-a handingazvidi!"

"A-a nhaiwe Alice, fuza!" akazvipindura. "Ungadzidze sei zvidzidzo muno? Sei? Hamusisina kana nzvimbo yaunokwana iwe! Saka hamuna nzvimbo zvachose yemabhuku ezvidzidzo!"

Saka akaramba achingoenderera mberi achiti akatora rimwe dive, otorazve rimwe, kutoita nhaurirano chaiyo nezvazvo asi mushure memaminetsi mashomashoma akanzwa inzwi raive panze ndokunyarara oteerera.

"Mary Anne! Mary Anne!" rakadana inzwi. "Nditorere magirovhosi angu izvozvi. Pakabva pateerwa netutsoka twaiti patapata tuchikwira kumusoro. Alice akaziva kuti iMbira yakanga youya kuzomutsvaga, ndokubvunda kusvika azunza nemba atokanganwa kuti zvino akanga ava mukuru kuMbira runopetwa churu saka akanga asisina chikonzero chokuitya.

Munguva ino Mbira yakasvika pamusuwo ndokuedza kuzarura gonhi asi sezvo gonhi raizarukira mukati, iro gokora raAlice rakatsikirira pariri, zvakashaya chimuko. Alice akainzwa ichitaura yoga ichiti, "Saka ndava kutenderera ndonopinda napahwindo."

"Izvozvo hauzviiti!" akafunga Alice, ndokubva mushure mekumirira kusvika anzwa kuti Mbira yava pasi pehwindo, akati tambanudze ruoko rwake ndokuedza kubata chinhu mumhepo.

Haana chaakabata asi akangonzwa kamhere nekudonha huye kupwanyika kwamagirazi zvokuti akafunga kuti zvaigona kunge zvaitika kuti yakanga yawira mumugaka wakatandira kana pamwewo pakangodaro.

Chakateera inzwi rakashatirwa—reMbira—"Pat! Pat! Uripi?" Ndokunzwa inzwi raakanga asati ambonzwa, "Hwe-e! Ndiri kuno! Ndiri kuchera maaporo Changamire wangu!"

"Chokwadi, kuchera maaporo?" Mbira yakabvunza yakashatirwa. "Kuno! Huya undibatsire kubuda muno!" (Mutinhiro wamamwe magirazi akapwanyika.)

"Chindiudza Pat, chii icho chiri muhwindo?"

"Kwazvo, ruoko Changamire wangu!"

"Ruoko? Iwe dhadha! Ndiyani akamboona ruoko rwakakura zvakadaro? Sei? Rwakazadza hwindo rose!"

"Kwazvo, rwakadaro Changamire wangu asi runongova ruoko zvakadaro."

"Kana zvakadaro runodei ipapo? Enda unorubvisa!"

Pakava nerunyararo rukuru mushure mezvizvi, Alice aingonzwa zevezeve pano neapo sokuti, "Kwazvo, handizvidi zvachosechose Changamire wangu!" "Ita sezvandakuudza! Gwara remunhu!" Pakupedzisira akatambanudza ruoko rwake zvakare ndokubvuta mumhepo. Iye zvino akanzwa tumhere tuviri nerumwe ruzhazve rwekupwanyika kwemagirazi. "Kuwanda here kwemigaka iripo!" Alice akashamisika. Handizivi kuti vachaitei pamberi apo! Kana kuri kundikakatira panze nepahwindo, dai vangodaro! Ndine chokwadi chekuti handichadi zvekuramba ndiri muno!"

Akateerera kwenguva refu asinazve chaanzwa, ndokuzonzwa ruzha rwamakumbo etungoro nemutinhiro wemanzwi akawanda aitaura pamwe chete. Akanzwa mashoko acho sezvizvi, "Mamwe manera aripi?-Handina ndangouya nerimwe. Bill ndiye ane rimwe—Bill! Huya naro pano mukomana!—Aisei pakona iyi—Kwete tangai maasunga pamwe chete-Haasati ava kusvika kana pakati chaipo—A-a achaita zvakanaka. Usasarudza—Pano Bill! Bata tambo iyi—Denga racho rinotakura here?—Chenjerera pasina kusimba apo—A-a! Hero rava kudonha! Misoro pasi!" (Ndiye zhii kudonha kukuru)—Ndiyani aita izvi?—NdiBill ndinofunga—Ndiyani odzika muchimini?—Kwete ini handidi! Ita iwe!—Izvo handiiti!—Bill ngaaende—Hezvoko Bill! Changamire vati ndiwe wodzira nechimini!"

"A-a! saka Bill ndiye ave kudzika nechimini, adzika? Alice akazvibvunza. "Seiko vachingoti zvosezvose Bill? Handingadi kutora nzvimbo yaBill kunyangwe zvodii. Choto ichi chakamanikana zvechokwadi, asi ndinofunga ndinogona kumbokava zvishoma!"

Akazvuva gumbo rake richidzika muchimini kusvika paaikwanisa ndokumira kusvika anzwa kamhuka (haana kugona kufungidzira kuti kaiva kapukayi) kaipara nokungomanyamanya muchimini nechapamusoro pake, ndokuzvitaurira kuti, "NdiBill uyu," akakava kamwe chete zvine simba ndokumiririra kuona kuti chii chaizotevera kuitika.

Chinhu chekutanga chaakanzwa kwaiva kudeedzera

pamwe chete, "NdiBill uyo! Ndokunzwa nzwi reMbira roga roti, "Mubatei imi muri pedo nerusvingo!" Pakava nerunyararo. Ndokunzwazve imwe mhirizhonga yamanzwi, "Batai makamisa musoro wake! Brandy iwe! Usamudzipa! Zvaa zvakadii mukuru wangu? Chii chaitika kwauri? Tiudze nezvazvo!"

Pakupedzisira pakabuda kazwi katete kasina simba ("Inzwi raBill," ndiAlice uyo), kachiti, "A-a handina chandinoziva! Hapachina zvandichataura, maita henyu, ndava nani izvozvi, asi handisati ndagadzikana zvokuti ndingakuudzai. Zvandinongoziva ndezvekuti, chimwe chinhu chauya kwandiri sejega riri mubhokisi ndokubva ndava mudenga sechitundumusemusere!"

"Saka ndizvo zvaitika kwauri mukuru wangu?" Vose vakataura pamwe chete.

"Ngatipise imba." Inzwi raMbira iro. Alice akabva adaidzira nenzwi riri pamusoro zvikuru, "Mukadaro ndinokutumirai Dhaina!"

Pakava nerunyararo rukuru pakarepo, Alice ndokuramba achifunga, "Handizivi kuti chavachatevera kuita chii! Dai vanga vane pfungwa, vangadai vabvisa denga." Mushure memineti imwe kana maviri, vakatanga kufambafambazve, ndokubva Alice anzwa Mbira ichiti, "Bhara rizere rinoita kutanga naro."

"Ibhara rizere nei?" Alice akazvibvunza asi haana kuita nguva refu achifungidzira nokuti muchinguva tubwe twakanaya tuchiuya kwaari nepahwindo, ndokubva tumwe twomurova kumeso. "Ndinofanira kumisa zvinhu izvi," Akataura oga achibva adaidzira kuti, "Ibvai marega zvenyu kuzviita zvakare!" Izvi zvakakonzerazve rumwe runyararo.

Alice akashamisika kuona kuti tubwe tuya twose twakanga turi kushanduka kuita tumakeke pasi patwakanga twuri. Mumusoro make makauya pfungwa yakajeka. "Kana ndikadya rimwe remakeke aya," akafunga, "Rinogona zvechokwadi kushandura chimiro change, zvakare handifungi kuti chingandikudzazve. Saka ndinofunga rinondiita mudiki."

Saka akaminya rimwe remakeke aya akafara kwazvo kuona kuti akatanga kusvava ipapo. Paakangoona ava mudiki zvekukwanisa kubuda nepamusiwo, akamhanya achibuda mumba muya ndokuwana dutu retupuka neshiri zvakamirira panze. VaDzvinyu vangu, Bill, vakanga vari pakati vakabatwa netupuka tuviri tuchimumwisa zvimwe zvinhu zvaiva mubhotoro. Dzose dzakati dzvamu dzakavinga Alice paakongobuda asi akamhanya achitiza zvakasimba ndokuona atova pasina njodzi musango rino dema.

"Chinhu chekutanga chandinofanira kuita," akataura oga Alice achindeya ari mudondo muya, "kukura kusvika pamumhu wangu chaiwochaiwo zvakare. Chechipiri ndechekuti ndiwane nzira inoinda neni kubindu riya rakaisvonaka. Ndinofunga ichi ndicho chingava chinhu chakanaka."

Izvi zvakaratidza kuve pfungwa yakanakisa zvakare yakarongeka uye isina kugozha, asi chinhu chaive chakangooma pairi chaiva chekuti akanga asingazivi kana napaduku pose kuti oitanga sei. Zvaaingunodongoreradongorera pakati pemiti asina kugadzikana, akanzwa kakuhukura pamusoro pake izvo zvakaita kuti atarise mudenga nekukasira.

Rino zimbwanana rakanga rakamutarira namaziziso makuru richitasamudza gumbo raro remberi zvisina simba richiiedza kumubata. "Vasikana imi!" Alice akataura nenzwi rine kakunyengetedza ndokuedza zvakasimba kuti aiiridzire muridzo asi aiitya zvikuru nguva dzose paakafunga kuti inogona kunge ine nzara zvikakonzera kuti imudye, zvisinei nekuinyengetedza kwake.

Asiri kuziva zvaaita akaerekana anonga chitanda ndokuchibata akachinenekedza kumbwanana iya izvo zvakaita kuti mbwanana iya iburuke isvetuke mudenga nerufaro pakarepo nekakuhukura kerufaro ndokumhanyira kuchimuti chiya ichiedzesera kuda kuchitora.

Alice akabva anzvenga achienda seri komuti womunzwa kuitira kuti asawisirwa pasi. Paakangoonekerazve nekune rimwe divi, mbwanana yakamhanyazve yakananga kuchimuti ichibva yawa ichikunguruka nomusoro mukuedza kuda kukasira kuchibata. Apa Alice akafunga sokuti zvakanga zvafanana nekuita mutambo nebhiza rine ngoro, zvokuti unogona kungotsikwa chero nguva ukaona wava pasi payo, akamhanyazve achitenderera muti uya, ndokubva mbwanana iya yatanga kumhanya yakananga kamuti ruzhinji, ichimhanya papfupipfupi pakuuya mberi chero nguva neparefurefu kana yodzokera shure. Yaidaro ichihukura nguva dzose kusvikira yazogara iri nechekurekure uko ichifemera pamusoro rurimi rwakarembera kubuda mumukanwa iwo meso achiita seakatsinzina.

Alice akaona izvi somukana wakanaka wokuti achitiza saka akabva atanga kumhanya achienda kusvikira aneta chaizvo ongofemera pamusoro ukuwo kuhukura kwembwanana iya kwava kunzwirwa kurekure.

"Ugoona yanga iri mbwanana inodika kwazvo!" akadaro Alice achizembera pamuhwakwa kuti ambozorora achizvifena nerimwe ramashizha awo. "Ndingadai ndaidzidzisa tumwe tuhunyanzvi chaizvo kana—kana ndanga ndine mumhu kwawo wokuzviita! Ini zvangu ini, ndanga ndotokanganwa kuti ndinofanira kukurazve patsva! Regai ndione, zvinoitwa sei zviya? Ndinofunga ndinofanira kudya nekunwa chakati kana chokuti asi mubvunzo mukuru ndowokuti, 'Chii?'"

Mubvunzo mukuru zvechokwadi waiva wokuti, "Chii?" Alice akatarisatarisa maruva ese neuswa asi haana kuona chinhu chaiva chakakodzera kuti chingadyiwa kana kunwiwa pakadai. Paiva nezihowa raikura pedyo naye, rakangoreba saiye, saka paakaritarisa pasi paro, nekumativi aro, neseri kwaro, akafunga kuti zvaiva zvakangokodzerawo kuti aone kuti chii chaiva pamusoro paro.

Akasimuka ndokumira nezvigunwe achidongorera kumhendero dzehowa, ndokusanganidzana meso nezigonye rebhuruu raiva rakagara pamusoro, rakapeta maoko aro richizvisvutira chikwepa charo risina kana kutomboona nezvaAlice kana kuziva kuti kunze kunei.

Chitsauko V

Zano kubva kuGonye

Gonye naAlice zvakatarisana murunyararo kwechinguva. Pakupedzisira Gonye rakabvisa chikwepa mumuromo maro ndokutaura nenzwi nyoro rine hope.

"Ndiwe ani?" Gonye rakabvunza.

Aya akanga asiri matangiro ekutaurirana akanaka. Alice akapindura achiita sekunyara, "Ini—ini handichanyatsoziva Changamire pari zvino. Chandinoziva ndezvandanga ndiri pandamuka mangwanani anhasi. Asi ndinoona sekuti ndinenge ndashanduka kakawanda kubva ipapo."

"Unorevei naizvozvo?" Gonye rakabvunza rakasunga chiso. "Ungatsanangura!"

"Handigoni kuzvitsanangura, ndine hurombo, Changamire," Alice akapindura, "Nokuti munoona, handisiri ini pachangu."

"Handioni," Gonye rakadaro.

"Ndine hurombo handigoni kuzvijekesa kupfuura ipapo," Alice akapindura nemutsa mukuru, "Nokuti neniwo handitombozvinzwisisi, nokuti kuva mimhu yakasiyanasiyana muzuva rimwe, zvinovhiringidza."

"Hazvivhiringidzi," rakadaro Gonye.

"Ho-o! Pamwe hausati wati wazviona saizvozvo," Alice akatsanangura. "Asi kana uchifanira kuita chipukanana, uchazviita rimwe zuva unoziva, uye mushure maizvozvo woita chipembenene, ndinofunga ungangoshaya kuzvinzwisisa. Haungadaro?"

"Kana napaduku pose," Gonye akadaro.

"Ho-o! Zvichida manzwiro ako akati siyanei," NdiAlice uyo; "Chandinoziva ndechekuti kwandiri zvinganetsa kunzwisisa zvikuru."

"Iwe!" Gonye rakadaro zvisina rukudzo. "Ndiwe ani?"

Izvi zvakavadzorerazve kumavambo enhaurirano yavo. Alice akanzwa kakushatirwa nematauriro aGonye ekungoti ga ga ndokubva azvishingisa ndokuti asingaseki, "Ndinofunga kuti unofanira kutanga wandiudza kuti iwe ndiwe ani."

"Nemhaka yei?" Gonye akabvunza.

Uyu waiva umwezve mubvunzo waivhiringidza, saka sezvo Alice ainge asingakwanisi kufunga chikonzero chakanaka, iriwo Gonye richiita sokunge rakanga risina kugadzikana papfungwa, akafuratira oenda.

"Dzoka kuno!" Gonye rakadaidzira mumashure make. "Ndine chimwe chakakosha chandinoda kutaura!"

Izvi zvaiita sezvine chimuko zvechokwadi. Alice akatendeuka ndokudzokazve.

"Zvibate pahasha," Gonye rakatsiura.

"Ndizvo zvose?" Alice akabvunza achiedza nepaanokwanisira kuzvidzora pahasha dzake.

"Kwete," rakadaro Gonye.

Alice akaona zviri nani kuti arambe aripo hake sezvo akanga asina chimwe chekuita, zvakare zvichida raigona kumuudza chimwe chinhu chine musoro. Kwemaminetsi rakaramba richisvuta risingatauri; asi pakupedzisira, rakatambanudza maoko aro ndokubvisa chikwepa mumuromo maro zvakare ndokuti, "Saka unofunga kuti washanduka, ndizvo?"

"Ndine urombo ndizvozvo, Changamire," Alice akapindura, "Handichagoni kurangarira zvinhu sezvandaisiita, uye zvakare, handirambi ndiri mumhu mumwe chete kwemaminetsi angasvika gumi!"

"Haurangariri zvinhu zvipi?" Gonye rakabvunza.

"Zviripo ndezvizvi, ndaedza kuita detembo '*Kanyuchi kanoshanda kanoita sei?*' asi yabuda yasiyana!" Alice akapindura nenzwi rinopisa tsitsi.

"Dzokorora, '*Machembera Baba William*'," rakadaro Gonye.

Alice akapeta maoko ake ndokutanga:—

"Machembera Baba William," murume wechidiki
akadaro,
"Zvakare vhudzi renyu rangove mvi,
Asi munoshingirira kumira nomusoro—
Munofunga zvakanaka here pazera renyu?"

"Muudiki hwangu," Baba William vakapindura
mwanakomana wavo,
"Ndaitya kuti zvingakuvadza uropi hwangu;
Asi zvino zvandava nechokwadi chekuti handichina,
Saka ndinozviita ndazviitazve."

"Machembera," akadaro wechidiki, "sezvandamboreva kare,
Zvakare masimbisa zvisakamboonekwa;
Asi maita chamupidigori muchipinda pamusiwo—
Ndiudzei chikonzero chokudaro?"

"Muuduku hwangu," yakadaro harahwa ichizuza mhotsi dzayo chena,
"Ndaichengeta nhengo dzangu dzose dzakatatamuka
Ndichishandisa mushonga wokuzora uyu weshereni pabhokisi,
Kana uchida ndikutengesere mushoma.

"Machembera," akadaro wechidiki, "zvakare shaya
dzenyu hadzichina kana simba
Rokukwanisa chimwe chinhu kunze kwemanda;
Asi mapedza dhadha muchipwanya namapfupa
nomuromo wacho zvose
Ndiudzei makwanisa sei kuita zvakadaro?"

"Muuduku hwangu," vakadaro baba vake,
"Ndakadzidza zvemutemo
Ndokakavadzana nyaya yogayoga nemukadzi wangu;
Saka simba razvakapa kushaya dzangu
Ndiro randichinaro nanhasi."

"Machembera," akadaro wechidiki, "munhu
haangambotarisiri
Kuti ziso renyu richiri kuona sezvariri kuita izvi;
Asi madengezera muramba pamhino yenyu—
Chii chinokupai uchenjeri hwakadai?"

"Ndapindura mibvunzo mitatu saka zvakwana,"
Baba vakadaro, "Usazvitutumadza!
Unofunga kuti ndingateerere zvakadaro muswere wese?
Chienda ndisati ndakukava ukakunguruka uchidzira!"

"Wazvitaura zvisizvo," rakadaro Gonye.

"Zvechokwadi zvinenge zvisizvo," Alice akadaro nekakutya. "Mamwe manzwi ashandurwa."

"Hazvisizvo kubva kokutanga kusvika kokupedzisira," Gonye rakadaro rine chokwadi ndokubva kwaita runyararo kwamaminetsi.

Gonye ndiro rakazotanga kutaura.

"Unoda kusvika pamumhu upi?" rakabvunza.

"A-a, handina mumhu wandingati uyu," Alice akakasira kupindura, "unoziva, kungoti mumhu haungodi kuramba wochinjachinja nguva dzose."

"Handizivi," Gonye rakapindura.

Alice haana zvaakataura. Akanga asati ambopikiswa zvakadai muupenyu hwake hwose saka akanzwa kuti akanga oshatirwa.

"Wagutsikana zvino?" Gonye rakabvunza.

"Ya-a, ndingada kuti kurei zvishoma Changamire, kana zvichiita," Alice akadaro. "Mainjisi matatu hausi hurefu hwakanaka zvachose hwokuva."

"Urefu hwakanakisa!" Gonye rakadaro rashatirwa, richizvitwasamudza paraitaura (rainge riri mainjisi matatu chaiwo kureba).

"Asi handina kuzvijaira!" Alice akadembetera nenzwi rainzwisa tsitsi. Akafungira mumoyo, "Ndinoshuva sei kuti dai zvipuka izvi zvisingatani kutsamwa!"

"Uchazvijaira hako nekufamba kwenguva," rakadaro Gonye ndokudzosera chikwepa charo mumuromo rotanga kusvuta zvakare.

Iko zvino Alice akanyatsomirira kusvikira radazve kutaura. Nechinguvana, Gonye rakaburitsa chikwepa mumuromo maro ndokushama n'ai kamwe chete kana kaviri ndokuzvizunza. Rakabva radzika kubva pahowa ndokukambaira richienda muhuswa richiti, "Rimwe divi richaita kuti urebe huye rimwe divi richaita kuti upfupike."

"Rimwe *divi rei*? Nerimwezve *divi rei*?" Alice akazvibvunza.

"Rehowa," rakapindura Gonye sezvinonzi akanga aribvunza achidudza, nechinguvana richibva ranyangarika.

Alice akaramba akatarisa howa kwechinguva achiedza kuona kuti mativi aho maviri ndeapi. Asi sezvo ihwo hwainge hwakanyatsoita denderedzwa, akaona uyu uri mubvunzo wakaoma kwazvo. Zvisinei, akazotambanudza maoko ake achihutenderedza kusvika paaikwanisira ndokuzoti dimbu kapande neruoko urwu nerwurwu kubva kumacheto.

"Saka zvino chipi ndechipi?" akazvibvunza ndokunyechura kapande kuchidimu chokurudyi kuti aone zvaizoitika. Muchinguvana chakatevera akanzwa kurohwa zvakaipisisa pasi pechirebvu chake: chakanga charova tsoka yake!

Akanzwa kutyiswa zvikuru neshanduko yechiriporipotyo iyi, asi akaona kuti pakanga pasisina nguva yokutambisa sezvo akanga ava kusvava nechimbichimbi, saka akabva atangisa pakarepo kudya chipande chekune rumwe rutivi. Chirebvu chake chakanga chakati ndii netsoka yake zvokuti akanga asina kana mukana wokuvhura muromo asi akazobudirira ndokukwanisa kumedza chidimbu kubva kukapande keruoko rweruboshwe.

"Honai, musoro wangu wazosununguka!" Alice akadaro nenzwi rine mufaro wakashanduka ukava kutya muchinguvana apo paakaona kuti mapendekete ake akanga asisaonekwi zvachose. Chaakanga ave kungoona chete kana atarisa zasi, yaiva huro refurefu yaiita sekusimuka sedzinde mukati mamashizha akasvibira aive pasipasi pake.

"Chingava chii chose chakasvibira?" Alice akabvunza. "Huye mapendekete angu aendepi? Ini zvangu ini, ko maoko angu zvandisisaaoni!" Aiafambisafambisa achitaura asi hapana chaakaona kunze kwekakuzunguzika zvishomanane pakati pemashizha akasvibira aya aaionera kurekure.

Sezvo paiita sekuti pakanga pasisina mukana wokuti asimudze maoko ake kusvika pedyo nemusoro, akaedza kudzisa musoro wake kuenda kwaari. Akafara zvikuru kuona kuti huro yake yaigona kupeteka nyorenyore kuenda chero divi senyoka. Akanga achangobudirira kuipetapeta zvakaisvonaka otoda kusvetukira mumashizha aya, (ayo aakazoona kuti painge pari pamusoro pemiti yaakambenge achindeya muzasi mayo) apo kushinyira kwakanyanya kwakaita kuti adzokere mushure nekukasira. Hangaiwa huru yainge yabhururukira kumeso kwake ichimurova zvine simba nemapapiro ayo.

"Nyoka!" yakadaidzira Hangaiwa.

"Handisi nyoka!" Alice akadaro akashatirwa. "Ndisiye ndakadaro!"

"Nyoka ndinodarozve!" yakadzokorora Hangaiwa asi inzwi radzikamira ndokuwedzera nekakupfikura kaiva netsitsi, "Ndaedza nzira dzose asi hapana chinokodzera!"

"Handina kana ruzivo nezvauri kutaura!" akadaro Alice.

"Ndakaedza midzi yemiti, ndikaedza mahombekombe enzizi zvakare ndikaedza muruzhowa," Hangaiwa yakaenderera mberi isingateereri zvaaitaura, "Asi nyoka dzacho! Hadzigoneki!"

Alice akatonyanya kuvhiringika asi akaona kuti hazvibatsiri kutaura chimwe chinhu kusvika Hangaiwa yapedza.

"Kuchochonya mazai koga raiva dambudziko," yakadaro Hangaiwa, "Asi ndinofanirwa kugara ndakangwarira nyoka siku nesikati! Unoziva handisati ndambobira kana kahope kwevhiki nhatu idzi!"

"Ndine hurombo zvikuru wagumburwa," akadaro Alice uyo akanga ave kunzwisisa zvazvaireva.

"Saka pandanga ndawana muti murefusa musango muno," yakaenderera mberi Hangaiwa ichikwidza inzwi rayo yochema, "Zvakare pandanga ndofunga kuti ndazosunungukawo, ndoopodzozvonyongoka dzichibva nemudenga! A-a, Nyoka!"

"Asi handisi nyoka ndinokuudza!" Alice akadaro. "Ndiri—ndiri—"

"Ho-o, saka uri chii?" yakabvunza Hangaiwa. "Ndiri kuzviona kuti uri kuda kutsvaga kunyepa!"

"Ini—ndiri kasikana," Alice akadaro asingachanyatsoziva kana kurangarira kuti akanga ashanduka kangani muzuva iri.

"Unofunga ndingazvibvuma izvozvo!" yakadaro Hangaiwa nenzwi rizere ruvengo. "Ndakaona tusikana twakawanda kwazvo muupenyu hwangu asi handisati ndaona kane huro yakadai! Kwete, kwete! Uri nyoka hazvibatsiri kuzviramba. Izvozvi uchatondiudza kuti hausati wakamboravira zai!"

"Ndakadya mazai chokwadi," Alice akadaro semwana akanga akajaira kutaura chokwadi, "Unoziva, tusikana tunodya mazai zvakanyanya sezvinongoitawo nyoka."

"Handizvitendi," Hangaiwa yakadaro; "Asi kana tuchidya, saka imhando yenyoka, ndizvo zvandingataura chere."

Iyi pfungwa yaiva itsva chaiyo kunaAlice, zvokuiti akabva anyarara kwechinguvana, zvichibva zvapa Hangaiwa mukana wekuwedzera, "Uri kutsvaka mazai, izvo ndizvo zvandinoziva; zvakare zvine basa rei kwandiri kuti uri kasikana kana nyoka here?"

"Zvine basa guru chaizvo kwandiri," Alice akadaro nekukasira; "Asi handisi kutsvaka mazai ndiri pano kudai, huye kana ndanga ndichitsvaka mazai, handingadi ako. Handidyi mambishi."

"Ya-a, saka chienda!" yakadaro Hangaiwa nenzwi rine kakusuruva ichigara zvakare mudendere rayo. Alice akachonjomara pakati pemiti sekukwanisa kwaaita nekuti huro yake yairamba ichingomoneranamonerana mumapazi, zvakare pano nepapo aifanira kumira achiimononora. Mushure mechinguva, akarangarira kuti akanga achakabata zvidimu zvehowa mumaoko ake ndokubva atanga kuzvidya zvishoma nezvishoma, achinyechura kutanga nechimwe tevere chimwe chacho. Pamwe pacho achireba uye pamwe pacho achipfupika kusvikira akwanisa kuzvisvitsa pahurefu hwake hwakare.

Yakanga yava nguva refu asati agona kusvika pedyo nehurefu hwake zvokuti akanzwa zvisinganyatsoita pakutanga asi akazozvijairira pasina nguva ndokutanga kutaura oga senguva dzose, "Ya-a, chimwe chinhano chezano rangu chaita zvino! Kuvhiringidza here kunoita shanduko dzose idzi! Handinyatsofa ndakaziva kuti ndichava chii kubva pamineti kusvika pane imwe! Zvisinei hazvo, ndadzokera pamumhu wangu chaiwo. Chinhu chinotevera kwava kupinda mubindu rakanaka riya. Zvino zvinoitika sei izvozvo?" achitaura izvi, akabva asvika panzvimbo yakanga yakashama, yaiva nekaimba mairi kaida kusvika mafiti mana kuenda mudenga. "Ndiyaniko anombogara ipapa?" Alice akafunga, "Hazviwanzowaitika kuona tumba twakadai, zvichireva kuti ndingatovavhundusira zvakaipa!" Saka akabva atanga kunyechura kadimu kaiva kuruoko rwerudyi, zvakare nokusaedza kusaedza kuswedera pedyo neimba iya kusvikira azvipfupisa kusvikira pamainjisi mapfumbamwe.

Chitsauko VI

Nguruve neMhiripiri

Kwechinguvana akamira akatarisa imba iya achishaiwa kuti odii zvino, pachibva pabuda mushandirume akapfeka nhumbi dzebasa achimhanya kubva musango (akamuti mushandi nokuda kwenhumbi dzebasa, pasinazvo kubva pachiso chake angadai akamuti ihove) ndokugogodza zvine simba. Rakavhurwa nemumwe mushandirume akanga ari munhumbi dzebasa aiva nechiso chakatenderera nemeso makuru seedatya, zvakare vose vashandirume ava Alice akaona kuti vakanga vane vhudzi rakagonyana zvakaisvonaka mumisoro yavo. Akanzwa kuda kunyatsonzwisisa nekuziva kuti zvaimbova zvii zvose izvi ndokukambaira zvishoma kubuda mudondo kunoteerera.

Mushandirume wehove akatanga nokuburitsa tsamba huru yaiva muhapwa dzake, yaiva yakakura saiye ndokubva aipa kune mumwe wacho achiti nenzwi rakadzikamira, "NdeyeMudzimai wemba yeumambo, yekukokwa naMambokadzi kumutambo wekurokweti." Mushandirume wedatya akadzokororawo nezwi rimwe chetero asi angoshandura chete zvishoma urongwa hwemashoko, "Kubva kunaMambokadzi. Tsamba yekukokwa kweMudzimai wemba yeumambo."

Vakaremekedzana nekukotamira ndokubva vhudzi ravo rekumonyana rahakirana.

Alice akaseka zvikuru paakaona izvi zvokuti akatomhanya kudzokera musango nokutya kuti vangamunzwa, paakazodongorera, Mushandirume wehove akanga aenda uya mumwe agara pasi pedyo nemusiwo akangoti ndee mudenga sebenzi.

Alice akaenda nekakutya kusvika pamusiwo ndokugogodza.

"Hapana zvazvinobatsira kugogodza," akadaro Mushandirume, "nokuda kwezvikonzero zviviri. Chokutanga nokuti ndiri kudivi rimwe chete remusiwo nekwauri. Chechipiri, nokuti vari kuita ruzha rwakanyanya mukati umu zvokuti hapana kana anogona kukunzwa." Zvechokwadiwo makanga mune ruzha rwakanga rwusati rwakambonzwika mukatimo. Kwainzwika kakuhukura nekuhotsira pano nepapo, koita kurovera pasi kukuru sekuti dhishi kana ketera yapwanywa kuita zvidimbu.

"Pamusoroi, zvino ndichapinda sei?" Alice akabvunza.

"Zvekugogodza kwako zvingangova zvakanaka," Mushandirume akaenderera mberi asingateereri zvaAlice, dai musuwo wanga uri pakati pedu. Sokuti dai iwe wanga uri mukati waigona kugogodza ini ndokuzarurira, unoona." Akanga akatarira mudenga nguva dzose dzaakanga achitaura. Izvi Alice akaona sokuti hazviratidzi tsika. "Zvimwe pada hapanawo zvaanogona kuita," akataura oga. "Meso ake akanyanyawo kuenda pumusorosoro pemusoro wake. Asi kunyange zvakadaro anogona kupindura mubvunzo.— Ndingapindawo sei mukati?" akadzokorora kubvunza achidaidzira.

"Ini ndichagara pano," Mushandirume akadaro, "kusvika mangwana—"

Panguva iyoyo, musiwo wemba wakazaruka ndokubva ndiro huru yauya ichicheka yakananga musoro weMushandirume. Yakangokwara mhino yake ndokupwanyika kuita zvidimu yarovera pamuti waiva shure kwake.

"—kana zuva rinotevera zvichida," Mushandirume akenderera mberi nezwi rake riya kuita sekuti hapana chakanga chaitika.

"Ndingapindawo sei?" Alice akabvunza zvakare inzwi rava pamusoro.

"Unofanira kutombopindamo zvachose?" akabvunza Mushandirume. "Ndiwo mubvunzo wokutanga, unoona."

Zvaive pachena, asi chete akanga asingadi kuzviudzwa. “Zvinotyisa zvechokwadi,” akanguruma oga, “makakavadzirano etupuka twose utwu. Zvigona kuita kuti munhu apenge!”

Mushandirume akaona uyu semukana wokudzokorora zvaakembenge ataura nenzira yakati siyanei. “Ini ndichagara pano, ndichiuya nekubva kwamazuva nemazuva,” akadaro.

“Asi, ko ini ndichaitei?” Alice akabvunza.

“Chero zvawada,” akadaro Mushandirume ndokutanga kuridza muridzo.

“A-a, hazvibatsiri kutaura kwaari,” Alice akadaro apererwa. “Akapata zviri pachena!” Akabva azarura musiwo ndokupinda.

Musiwo uyu wainanga mukamuri rekubikira hombe rakanga rakazara neutsi kubva kokutanga kusvika kokupedzisira. Mudzimai weimba yeumambo akanga akagara pachituro china makumbo matatu nechapakati achimwisa mwana. Mubiki akanga akakotama pamoto achikurunga zigari raiita sokuti rizere nemuto.

"Mune mhiripiri yakawandisa chete mumuto iwoyo!" Alice akataura oga mukati mekuhotsira.

Maitova neyakawandisa mumhepo zvechokwadi. Chero iye Mudzimai weimba yeumambo aipota achihotsira, kana ari somwana aiti akahotsira ozhamba asingazorori. Zvipuka zviviri chete zvaiva mukamuri rokubikira iri zvisingahotsiri mubiki nekiti huru yakanga yakavata pedo nechoto ichizhinyura kubva kuzheve kusvika kune imwe.

"Pamusoroi mungandiudzawo," Alice akabvunza nekakutya sezvo akanga asina chokwadi chokuti dzaiva tsika dzakanaka here kuti atange iye kutaura, "Sei kiti yenyu ichizhinyura kudaro?"

"Ndeyemhando yeCheshire," Mudzimai weimba yeumambo apindura, "ndosaka. Nguruve!"

Vakataura shoko rokupedzisira noukasha zvokuti Alice akasvetuka, asi mushure mechinguva akaona kuti rakanga rakananga mwana wavo kwete iye. Naizvozvo Alice akabva awana simba rokuenda mberi zvakare.

"Handina kuziva kuti kiti dzerudzi urwu dzinongozhinyura, asi kutoti handina kuziva kuti kiti dzinozhinyura.

"Dzose dzinogona," akadaro Mudzimai weimba yeumambo, "zvakare zhinji dzacho dzinodaro."

"Handizivi dzinodaro," Alice akataura nerukudzo rukuru achinzwa kufara kuti akanga atombogonawo kupinda munhaurirano.

"Hauzivi zvakawanda," vakadaro mai vaya, "ichi ndicho chokwadi."

Alice haana kutombofara zvachose nematauriro iwaya, ndokubva afunga kuti zviri nani kutangisa umwe musoro wenyaya. Paaiedza kubuda nemusoro wacho, mubiki akabura gate remuto riya, ndokubva atanga kukanda chero chaaibata kunamai vaya nomwana. Kwakatanga simbi dzokugofesa moto, ndokutevera kunaya kwepoto, ndiro namadhishi. Mai vaya havana kuita hanya nazvo kunyangwe pazvaivatema, uyu mwana akanga achitozhambisa nechakare zvokuti zvakanga zvisingakwanisiki kuziva kuti kutemwa uku kwaimurwadza here kana kwete.

"A-a, pamusoroi muchenjere zvamuri kuita!" Alice akachema achisvetukasvetuka mukurwadziwa nekutya. "A-a, mhino yake yainda!" Ndipo paibhururuka zipoto ziguru richipfuura napedyo naye zvokuti rakapotsa raenda naye.

"Dai mumwe nemumwe achimira nezvake," mai vaya vakadzvova nenzwi rakashoshomera, "zvingafamba zvakanaka panyika kupinda zvazviri."

"Izvozvo hazvina zvazvakanakira," akadaro Alice uyo ainzwa kufara kuti awana mukana wokushamira nesviruzivo svake. "Imbofungai kuti zvingafamba sei pamasikati neusiku? Munoona, nyika inotora maawa makumi maviri nemana kutenderera—"

"Une nharo?" vakadaro mai vaya. "Gura musoro wake!"

Alice akatarisa mubiki zvine kakushushikana kuti aone kuti aizoita here zvakanga zvataurwa, asi mubiki akanga ari shishi kukurunga muto zvokuti aiita sokuti akanga asina kuteerera, saka Alice akaenderera mberi zvakare, "Maawa makumi maviri namana ndinofunga kana kuti igumi namaviri zviya? Ini—"

"A-a usandinetsa!" Vakadaro mai vaya. "Handina kumbofa ndakagona masvomhu!" Naizvozvo vakabva vatanga kumwisa mwana wavo zvakare vachimuimbira kanenge karwiyo kekuvaraidza mwana nekumuzuza zvine hasha panoperera mutsara wogawoga:—

"Taura neganyavhu kukakomana kako,
Umurove kana ahotsira:
Anongozviitira chete kukutsamwisa,
Nokuti anoziva chete kuti ijee."

Korosi
(Apa mubiki nemwana vaiimbawo):—
"Huwe! huwe! huwe!"

Paiimba mai ava ndima yechipiri yerwuyo, vairamba vachikanda mwana mudenga nekumugamha zvine simba. Iko kamwana kochemesa zvokuti Alice akanga asisanyatsonzwa manzwi acho:—

"Ndinotaura nehukasha kumwanakomana wangu,
Ndinomurova kana ahotsira;
Nokuti anogona kunyatsonakirwa
Nemhiripiri paadira!"

Korosi
"Huwe! huwe! huwe!"

"Tora! Unogona kumbomurerawo kana uchida," mai vaya vakataura vachikandira Alice mwana. "Ini ndinofanira kunogadzirira kunotamba mutambo naMambokadzi," vakabva vabuda mukamuri vachifambisa. Mubiki akakanda pani ichimutevera pavaibuda asi yakavati potsei.

Alice akanetsekana kugama mwana sezvo kakanga kari kapuka kane chimiro chisinganzwisisiki, kaitambanudza maoko ako namakumbo kumativi ose, "sehove inonzi chinyeredzi," akafananidza Alice. Kapuka aka kaiita magwiriri nemumhuno sechitima chamarasha paakagamha, kaingozvonyongoka kachizvipeta nekuzvitwasanudzazve zvokuti paakatanga kukabata hapana zvaikwanisa kuita kunze kokungokabata.

Paakangokwanisa kuona nzira kwayo yekukavaraidza, (inova yokuita kukasunga sefundo woramba wakabata zvakasimba nzeve yekurudyi negumbo reruboshwe kuitira kuti kasazvimononora), akakatakura ndokuenda nako panze panofura mhepo. "Ndikasatora mwana uyu ndikaenda naye," akafunga Alice, "chokwadi vanogona kumuuraya mushure mezuva rimwe chete kana maviri. Haungava humhondi here kumusiya?" Alice akataura manzwi ekupedzisira achidudza ndokubva kanhu kaya kadzvova semhinduro (panguva ino kakanga kamira zvekuhotsira). "Usadzvova," akakatsiura Alice, "haisiyo nzira kwayo yekureva zvaunoda."

Mwana akadzvova zvakare, Alice achibva anyatsotarisisa muchiso chake asina kugadzikana kuti aone kuti chii chakanga chiri kunetsa. Akanyatsoona kuti aiva nemhino yakatarisa mudenga ine chimiro cheyenguruve pane kuva mhino chaiyo. Zvakare meso acho ainge ari kuita madikisa kuti anzi emwana. Alice haana kufarira mamiriro echinhu ichi zvachose. "Asi zvimwe change chiri kuchema," akadaro ndokutarira mumaziso acho kuti aone kana maive nemisodzi.

Kwete, makanga musina misodzi. "Kana uri kuda kushanduka kuita nguruve hama yangu," Alice akataura asingaseki, "ndinenge ndisisina kana chekuita newe. Zvino zvichenjerere!" Kanhu kaya kakapfikurazve (kana kuti kakadzvova nokuti zvainetsa kuziva kuti chipi ndechipi), vakambogara kwechinguva murunyararo.

Alice akanga ava kutanga kuzvifungira, "Zvino ndichadii nekapuka aka kana ndasvika nako kumba?" apo kakadzvova zvine simba zvokuti Alice akakatarisa pachiso nekutya. Iye zvino pakanga pasisina kufungidzira, chaiva chinguruve chaicho zvokuti akafunga kuti zvingave zvisina kunyatsoti tsvikiti kuti arambe achienda nacho.

Saka akabva atsveta kapuka kaya pasi, ndokunzwa kugadzikana apo akaona kachinzunzuta zvinyoronyoro kuenda musango. "Dai change chakura," akazvitaurira, "chaizoita mwana akaisvonyangara zvisingabviri. Asi senguruve ndinoona yakanaka kwazvo." Akabva atanga kufunga nezvamwe vana vaaiziva vaigona kuita zvakanaka senguruve, apo ainge ave kutaura ega achiti, "Dai chete munhu aingoziva nzira kwayo yekuvashandura," ndipo paakavhundutswa nekuona kiti iya yerudzi rweCheshire yakagara padavi mumuti zvinhanho zvishoma kubva paaive.

Kiti iya yakangozhinyura payakaona Alice. Akafunga kuti yaiita sokuti ndikwayo. Asizvo yaiva nenzara refu nemazino mazhinji kwazvo nokudaro akafunga kuti inofanirwa kubatwa zvakanaka.

"Cheshire, shamwari," akatanga zvine kakutya sezvo akanga asingazivi kuti icharida here zita iroro. Zvisinei yakatowedzera kuzhinyura. "Ya-a, pari zvino yafadzwa nazvo," akadaro Alice ndokuenderera mberi. "Ndapota ungandiudzewo here kuti ndoinda nepi kubva pano?"

"Zvinonyanyobva pakuti kwaunoda kuenda ndepi?" Kiti yakapindura.

"Handina hanya nekuti kupi—" akadaro Alice.

"Saka kana zvakadaro, hazvina mhaka kuti wainda nepi," yakamudimurira Kiti.

"—chero ndine kwandasvika," Alice akawedzera setsananguro.

"A-a ndizvo zvauchaguma waita," yakadaro Kiti "kana wangofamba pakareba zvakakwana."

Alice akaona kuti izvi hazvirambiki saka akaedza umwe mubvunzo. "Vanhu rudzii vanogara nzvimbo ino?"

"Nedivi iro," Kiti yakadaro ichitenderedza rutsoka rwayo rwekurudyi, "kunogara Musoni wenguwani. Nekokowo," achishandisa imwe tsoka, "kunogara Tsuro Magen'a. Shanyira chero wawada. Vese vanopenga."

"Asi handidi kuenda kuvanhu vanopenga!" Alice akakatyamara.

"A-a, hapana zvauchaita," Kiti yakadaro. "Tose tinopenga muno! Ini ndinopenga! Iwe unopenga!"

"Unoziva sei kuti ndinopenga?" Alice akabvunza.

"Unofanirwa kunge uchipenga," Kiti yakadaro, "nokuti ungadai usina kuuya kuno."

Alice haana kufunga kuti izvi zvaireva kuti anopenga zvachose. Zvisinei, akaenderera mberi, "Saka unoziva sei kuti iwe unopenga?"

"Chekutanga," ndiKiti uyo, "imbwa haipengi. Unozvibvuma?"

"Ndinofunga kudaro," ndiAlicewo.

"Saka chiona," Kiti yakaenderera mberi, "unoona imbwa inodzvova kana yatsamwa, zvakare imbwa inozunza muswe wayo kana yakafara. Zvino ini ndinodzvova kana ndakafara, nokuzunza muswe kana ndatsamwa. Saka ndinopenga."

"Ini ndinokuti kuchema zvinyoronyoro kwete kudzvova," Alice akadaro.

"Ipa zita raunoda," Kiti yakadaro. "Uri kunotamba here mutambo naMambokadzi nhasi?"

"Ndingazvide zvikuru," akadaro Alice, "asi handisati ndakokwa."

"Uchandiona ikoko," ndiKiti uyo ndokunyangarika.

Alice haana kunyanya kushamiswa nazvo. Akanga ava kutojairira kuona zvisinganzwisisiki zvichiitika. Paakange akatarisa panzvimbo yayakambenge iri, akakaruka yadzoka zvakare.

"Gara zviya mwana uya azoita sei?" Kiti yakabvunza. "Ndanga ndatokanganwa kubvunza."

"Ashanduka ikaita nguruve," Alice akapindura zvinyoronyoro, sezvinonzi Kiti yakanga yangodzoka pasina shiripiti.

"Ndafunga kuti ichadaro," yakadaro Kiti ndokunyangarika zvakare.

Alice akamira kwechinguva achitarisira kuiona zvakare, asi haina kunyuka. Mushure mechinguvana akafamba achienda nedivi rakanga ranzi rinogara Tsuro Magen'a. "Ndaka-

mboona vasoni venguwani," akataura oga, "Tsuro Magen'a angangova iye anonyanya kunakidza, uye pada zvatiri muna-Bandwe anenge asinganyanyisi kupenga kwete semapengero aaita munaKurume." Paaitaura izvi akatarira mudenga ndokuonazve Kiti iya yagara pabazi romuti.

"Wati 'nguruve' kana kuti 'huruva'?" yakabvunza Kiti

"Ndati 'nguruve'," akapindura Alice, "zvakare ndinoshuva kuti dai warega zvokuramba uchiti ukanyuka wobva wonyangarika. Unoitisa kuti mumwe asagadzikane!"

"Zvakanaka," yakadaro Kiti. Ndokubva iyezvino yanyangarika zvishoma nezvishoma ichitanga nemuswe nekupedzisira nekuzhinya kunova kwakamboramba kuripo kwechinguva umwe mutumbi wose waenda.

"Ya-a, ndinosimboona kiti isingazhinyi," akafunga Alice, "Asi kuzhinya kusina kiti! Ndicho chishamiso chikuru chandisati ndamboona muupenyu hwangu hwose!"

Akanga asina nekure kwaamboenda achibva aona imba yaTsuro Magen'a. Akafunga kuti ingangova iyo imba yacho nekuti chimini dzacho dzakanga dzakaumbwa senzeve uye denga racho rakapfurirwa nemvere. Yaiva imba hurusa zvokuti haana kuda kuswedera pedyo nayo kusvika ambonyechurazve kubva kuchipande chehowa chaiva kuruboshwe ndokuwedzera mumhu wake kusvika pamafiti maviri kureba. Kunyange zvakadaro, akafamba achiendako nekakutya achizvitaurira kuti "Ko kana ichipenga zvechokwadi? Ndava kutofunga zvangu kuti dai ndaziva ndaenda kunoona Musoni wenguwani!"

Chitsauko VII

Mabiko eTii asina Musoro

Paive netafura yakanga yagadzirwa pasi pemuti mberi kwemba. Tsuro Magen'a neMusoni wenguwani vakanga vachimwa tii vari ipapo, Shana yakanga yakagara pakati pavo yakafa nehope. Vaviri ava vakanga vachiishandisa sekamutsago kekuisa magokora avo vachitaurirana vakatarisana nepamusoro payo. "Izvi hazvina kunakira Shana izvi," Alice akafunga; "kungoti chete yakavata zvayo, saka ndinofunga haina basa nazvo."

Tafura iyi yakanga yakakura asi vatatu ava vakanga vakaungana pakona imwe chete. "Hapana nzvimbo! Hapana nzvimbo!" Vakadaidzira pavakaona Alice achiuya. "Pane nzvimbo yakawandisa!" Alice akadaro nenzwi rine ukasha, achibva agara kune rumwe rutivi rwetafura, pachigaro chikuru, chemhando iya ine pekuzorodzera maoko.

"Imwa waini," akadaro Tsuro Magen'a nenzwi rekukurudzira.

Alice akatarisa patafura yose asi haana kuona chimwe chinhu kunze kwetii. "Handisi kuona waini ini," akadaro.

"Hapanaka," akadaro Tsuro Magen'a.

"Saka hazvina hunhu zvachose kupa munhu zvisipo," akadaro Alice ashatirwa.

"Zvanga zvisinawo hunhu zvachose zvokuti unosvikogara pasi usina kukokwa," akadaro Tsuro Magen'a.

"Handina kuziva kuti itafura *yenyu*," akadaro Alice. "Inotaridza kuti yagadzirirwa vakatowandisa kupfuura vatatu".

"Vhudzi rako rinoda kugurirrwa," akadaro Musoni wenguwani. Akanga anguri atarisa Alice kwenguva nokuda kunzwisisa zvakanyanya, uye uku kwaiva kutaura kwake kwekutanga.

"Unofanira kudzidza kusadenha vamwe. Hazvina hunhu." Alice akadaro achiratidza kusafara nazvo.

Musoni wenguwani akawetsa meso paakanzwa izvi, asi akazongoti chete, "Sei gunguwo richiita setafura yekunyorera?"

"Ya-a tichafara zvino! Ndafara vatanga kubvunza zvirahwe." Alice akafunga. "Ndinoona ndinogona kuchifembera icho," akadarozve achidudza.

"Unoreva kuti unofunga ungachidudzira?" NdiTsuro Magen'a uyo.

"Kwazvo, chaizvo," akaganza Alice.

"Saka ita zvaunoreva," akaenderera mberi Tsuro Magen'a.

"Ndinoita." Alice akakasira kupindura; "Zviri nani. Zviri nani, ndinoreva zvandataura. Ndizvo zvimwe chete nezvaunoziva."

"Hazvina kufanana kana napaduku pose!" akadaro Musoni wenguwani. "Sei? Kana zvakadaro unongogona kuti 'Ndinoona zvandinodya' zvakafanana nekuti 'Ndinodya zvandinoona'."

"Unogona zvakare kungoti," akawedzerawo Tsuro Magen'a, "'Ndinoda zvandinowana' zvakafanana nekuti 'Ndinowana zvandinoda'!"

"Unogona kungoti zvakare," NdiShanawo uyo achiita seari kutaura muhope, "'Ndinofema kana ndavata' woti zvakafanana nekuti 'Ndinovata kana ndichifema'!"

"Zvakangofanana newe," akadaro Musoni wenguwani, zvakare apa kutaura kwakabva kwambomira, vose ndokugara vakanyarara kwechinguva, Alice achifunga zvose zvaaigona kurangarira pamusoro pamakunguwo nematafura ekunyorera asi zvakanga zvisina kuwanda.

Musoni wenguwani ndiye akazotanga kutaura. "Nhasi izuva ripi remwedzi?" Musoni wenguwani akabvunza achitarisa kuna Alice. Akanga aburitsa wachi yake muhomwe, achiitarira nekakusagadzikana nokuizunza nguva nenguva, oibata akaiisa kunzeve.

Alice akati zii kwechinguva ndokuzoti, "Nderechina."

"Warasika nemazuva maviri!" Musoni wenguwani uyo achifemera pamusoro. "Ndambokuudza kuti bhata harishandi apa." Musoni wenguwani akataurazve nehasha akatarisa Tsuro Magen'a.

"Ranga riri bhata remhando yepamusorosoro," akapindura Tsuro Magen'a achizvininipisa.

"Hongu, asi tumwe tumafufu tunogona kunge twapindawo," Musoni wenguwani akanguruma, "ungadai usina kuriisa nebanga rechingwa."

Tsuro Magen'a akatora wachi iya ndokuitarisa akasuruvara, ndokuinyika mukapu yake yetii, ndokuitarisa zvakare asi akashaya chimwe chiri nani chekutaura kunze kwekudzokorora zvaakambenge ataura pakutanga, "Unoziva, ranga riri bhata remhando yepamusorosoro."

Alice akanga achitarisa nepamusoro pebendekete reMusoni wenguwani nepamusaka pekuda kuziva. "Chiwachi chinosetsa ichi!" Alice akatsoropodza. "Chinoreva zuva remwedzi asi chisingagoni kutaridza kuti inguvai?"

"Ingataridzirei?" Musoni wenguwani akanguruma nenzwi riri risinganyatsonzwikwi. "Iwe wachi yako inokuudza kuti igore ripi?"

"Kweteka!" Alice akagamha nemhinduro. "Asika inyaya yekuti inoratidza gore rimwe kwenguva refu."

"Ndizvo zvimwechetezvo neyangu," akadaro Musoni wenguwani.

Alice akabatwa nekuvhiringika kukuru. Zvakataurwa ne-Musoni wenguwani zvaaita sekuti hazvina kana zvazvinoreva asi zvechokwadi chiri ChiShona. "Handinyatsi kukunzwisisa," akadaro Alice achiiedza kuzvirereka zvikuru.

"Shana yararazve," akadaro Musoni wenguwani, achiidira svitii svinopisa pamhino.

Shana yakazunza musoro wayo isina kugadzikana ndokuti, isingavhuri meso ayo, "Kwazvo, kwazvo, ndizvo zvandanga ndichida kutodarowo ini pachangu."

"Wati wafungidzira mhinduro yechirahwe chiya here?" akabvunza Musoni wenguwani achitendeukira kuna Alice zvakare.

"Kwete, ndasiyana nazvo," Alice akapindura. "Mhinduro yacho chii?"

"Handina kana fungidziro," akadaro Musoni wenguwani.

"Kana neniwo," Tsuro Magen'a akadarowo.

Alice akatura mafemo achiratidza kuneta. "Ndinofunga mungagona kuita chimwe chinhu chiri nani nenguva yacho," akadaro, "pane kuitambisa muchibvunza zvirahwe zvisina mhinduro."

"Dai uchiziva Nguva sekuziva kwandinoita ini," akadaro Musoni wenguwani, "haungatauri nezveku*i*tambisa. Ndiye."

"Handizivi zvaunoreva," akadaro Alice.

"Kwazvo hauzivi!" akadaro Musoni wenguwani achirasa musoro wake zvokuzvidza. "Ndinonyatsoziva kuti hausati wambotaura naNguva!"

"Zvingadaro hazvo," Alice akataura zvine kakuzvidzora. "Asi ndinoziva kuti ndinofanira kubata nguva kana ndichidzidza zvokuimba."

"A-a! Hazvirevi chinhu izvo," akadaro Musoni wenguwani. "Haamiriri zvokurohwa. Kana ukangoitirana naye zvakanaka, anogona kuita chero chaunoda newachi. Somuenzaniso ngatitii inguva dzepfumbamwe mangwanani, nguva dzokutanga zvidzidzo, chaunongoda chete kuzevezera kunaNguva zvaunoda, wotoona sekubwaira kweziso nguva dzatosvika panguva dzekudya kwamasikati."

("Ndinoshuva kuti dai zvakadaro kani," akadaro Tsuro Magen'a nekazevezeve.")

"Izvo zvingava zvinhu zvakanakisa chaizvo," akadaro Alice achifungisisa. "Asika unoziva, handifaniri kuzvitarisira zvakanyanya."

"Zvichida, kwete pekutanga," akadaro Musoni wenguwani. "Asi unogona kuirega iripo panguva dzekudya kwemasikati kusvika pawadira."

"Saka ndiwo machengetedzero aunoita nguva?" akabvunza Alice.

Musoni wenguwani akazunza musoro nekakusuwa. "Kwete ini!" akapindura. "Takatukana Kurume wapfuura-asati atanga kupenga, unoziva—" (achitendeka Tsuro Magen'a netiisipunu yake,) "—paiva pamutambo mukuru wakaitwa naMambokadzi weMwoyo, apo ndaifanirwa kuimba:

'Vai, vai, kamuremwaremwa!
Ndinoshamiswa kuti uri kuitei!'

Zvimwe unoruziva rwuyo rwacho!"

"Ndakambonzwa zvimwe zvakaita sokudaro," akadaro Alice.

"Unoziva, runoenderera mberi," Musoni wenguwani akadarozve, "sezvizvi:—

'Pamusoro penyika unobhururuka,
Setireyi yetii mudenga.
Vai, vai—'"

Apa Shana yakazvizunza ndokutanga kuimba kuhope, "*Vai, vai, vai, vai—*" ndokuramba ichingoimba kwenguva refu zvokuti vakatozoita yokushunya kuti inyarare.

"A-a, ndakanga ndisati ndambopedza vhesi yekutanga," akadaro Musoni wenguwani, "apo Mambokadzi vakadaidzira nenzwi riri pamusoro neukasha, 'Ari kuuraya nguva! Gurai musoro wake!'"

"Hutsinye hwakaipa kudaro!" Alice akakahadzika.

"Saka kubvira ipapo," Musoni wenguwani akaenderera mberi nenzwi rinosuwisa, "haadi kuita chero chandakumbira. Yangova sikisi nguva dzose."

Pfungwa yakajeka yakauya mumusoro maAlice. "Ndicho here chikonzero chinoita kuti zvinhu zvetii zvakawanda zvigare zvakaiswa pano panze?" akabvunza.

"Hongu ndizvozvo," akadaro Musoni wenguwani achitura mafemo. "Nguva yose ndeyetii, saka hatina nguva yekusuka zvinhu zvacho pakati apa."

"Saka zvoreva kuti munoramba muchingotendereraka?" Alice akabvunza.

"Ndizvozvo chaizvo, sokupera kunenge kuchiita zvinhu," akadaro Musoni wenguwani.

"Asi chii chinozoitika kana masvika pamambotangirazve?" Alice akatokonya achibvunza.

"Ko tikachinja musoro wenyaya," Tsuro Magen'a akavadimurira achishama n'ai. "Ndave kuneta nezvizvi. Ini ndinoti musikana wechidiki uyu ngaatiudze rungano."

"Ndine hurombo handina rwandinoziva," Alice akadaro avhunduswa nechikumbiro ichi.

"Saka Shana ngaaite!" Vakadaidzira pamwe chete. "Muka Shana!" Vachibva vaishunya kumativi ose nguva imwe chete.

Shana akavhura meso ake zvishoma nezvishoma. "Ndanga ndisina kuvata," akadaro nenzwi raizhozhoma risina kana simba, "Ndanzwa chero chamanga muchitaura chose."

"Tiudze rungano!" Tsuro Magen'a akadaro.

"Ehe, ndapota ita!" Alice akanyengetedza.

"Zvakare ita uchikurumidza," akawedzera Musoni wenguwani, "Kana kuti ungatovata pakare pasina chaitwa."

"Paivapo, netusikana twemhuri imwe chete tutatu," Shana akatanga rungano nechimbichimbi. "Vaigara muzasi metsime—"

"Vairarama nekudyei?" akabvunza Alice uyo ainyanyofarira mibvunzo ine chekuita nezvekudya nekumwa.

"Vairarama nemanyuchi," akadaro Shana mushure mekufunga kwemineti imwe kana mbiri.

"Unoziva, havaigona kudaro," Alice akataura zvinyoronyoro, "kusara chete kana vairwara."

"Hongu, vairwara, zvokurwara zviya." Shana akadaro.

Alice akaedza kupenengura kuti mararamiro akadaro iwayo, mararamiroi, asi zvakatomuvhiringidzawo zvakanyanya ndokubva aenderera mberi, "Asi sei vaigara pasi petsime?"

"Imwa imwe tii," Tsuro Magen'a akadero kuna Alice achirevesa.

"Handina chandati ndambomwa," Alice akadaro nenzwi rekugumbuka, "saka handinganzi imwa imwe."

"Unoreva haugoni kutora *shoma*?" Musoni wenguwani akabvunza. "Zviri nyore kumwa *zhinji* pane kurega zvachose"

"Hapana abvunza maonero ako." Alice akadaro.

"Ndiyani ava kushoropodza vamwe zvino?" Musoni wenguwani akabvunza achiratidza zvokuti ndazokuwana.

Alice akashaiwa kuti oti kudii pakadai, saka akazvitorera tii nechingwa nebhata ndokucheukira kunaShana odzokorora mubvunzo wake. "Vaigarirei pasi petsime?"

Shana akatorazve chinguva kufunga nezvazvo, ndokuzoti, "Raive tsime remanyuchi."

"Hakuna chinhu chakadaro!" Alice akanga ava kutanga kushatirwa, asi Musoni wenguwani naTsuro Magen'a vakangoti, "Shi-i! Shi-i!" Ndokubva Shana aita sekushatirwa oti, "Kana usingagoni kuremekedza vamwe, chibva wazvipedzisira nyaya yacho pachako."

"Kwete ndapota enderera mberi!" Alice akadaro ozvininipisa zvakanyanya. "Handichakukanganisi zvakare. Zvichida ririko haro rimwe chete rakadaro."

"Rimwe chete chairo!" Shana akadaro achakatsamwa. Zvakadaro hazvo akabvuma kuenda mberi. "Saka tusikana tutatu utwu, twaidzidzira kutara, wazviona—"

"Vaitarei?" Alice akabvunza akanganwa chivimbiso chake.

"Manyuchi," Shana akapindura asina kumbofunga.

"Ndinoda kapu yakachena," Musoni wenguwani akadimurira vaitaura. "Hatisudurukei tichienda mberi uyu kamwe chete uyu kamwe chete.

Akabva atoenda mberi paaitaura, ndokubva Shana amutevera, Tsuro Magen' achibva apinda pakanga pakagara Shana, uyuwo Alice achiratidza kusafara nazvo akatora nzvimbo paiva naTsuro Magen'a. Musoni wenguwani oga ndiye akawana chimuko mushanduko iyi. Alice akatoenda pakanga pakanyanya kushata kupinda paaive abva, sezvo Tsuro Magen'a aive achangobva kuteurira jagi remukaka mundiro yake.

Alice akanga asisachadi kugumbura Shana zvakare saka akatanga zvine ungwaru. "Asi handinzwisisi. Vaitora manyuchi acho kubva pai?"

"Unogona kuchera mvura kubva mutsime remvura," Musoni wenguwani akadaro, "saka ndinofunga unogona kuchera manyuchi kubva mutsime remanyuchi. He-e dununu?"

"Asika vaiva mutsime?" Alice akadaro kunaShana asina hanya nemashoko ake aakanga ataura kwekupedzisira.

"Kwazvo, vaive," Shana akadaro, "chaiko mukati."

Mhinduro iyi yakatonyanya kuvhiringidza VaAlice vangu imi:i, zvokuti akazorega Shana achitaura kwenguva refu asingamumisi.

"Vaidzidza kutara mifananidzo," Shana akaenda mberi achishama n'ai nekupukuta maziso nokuti akanga onzwa hope zvakanyanya, "saka vaitara mifananidzo yezvinhu zvakawanda zvakasiyanasiyana, chero chinhu chinotanga naM—"

"Sei zvinaM?" Alice akavunza.

"Kuregerei?" NdiTsuro Magen'a uyo.

Alice akanyarara.

Iko zvino yakanga yavhara maziso ayo, yava kutovata, asi payakashunywa neMusoni wenguwani yakamuka zvakare nakamhere ndokuenderera mberi, "—zvinotanga naM sezvizvi, mariva embeva, nemwedzi, nemufungo nemuuwandu. Unoziva unoti zvinhu 'zviri muuwandu hweuwandu.' Wakamboona chinhu chinonzi muuwandu chakatarwa?"

"Ho-o zvino wava kundibvunza?" akadaro Alice atonyanya kuvhiringika. "Handifungi—"

"Saka haufanirwi kutaura," Musoni wenguwani akadaro.

Alice haana kukwanisa kutambira kusaremekedzwa uku zvokuti akangoti nyamu anyangadzwa zvikuru ndokufamba achienda. Shana akabva avata pakarepo, avawo vamwe havana kumboita hanya nokuenda kwake, chero zvake akacheuka kamwe kana kaviri nefungidziro yekuti pada vachamudana. Paakapedzisira kuvaona, vakanga vari mushishi kuedza kuisa Shana mutii poti.

"Kunyange zvodini handichafi ndakaendakozve!" Alice akadaro achipinda munzira yake nemusango. "Iyi ndiyo tii pati isina maturo yandati ndaenda paupenyu hwangu hwose!"

Achingotaura kudaro, akaona kuti mumwe wemiti waiva nemusuwo waipinda mukati mawo. "Zvinonetsa kunzwisisa izvi," akafunga. "Asi zvese zvanhasi zvinonetsa kunzwisisa. Asi ndinofunga regai ndibva ndapinda." Akabva apinda.

Zvakarezve akaona ava mukamuri refu pedyo nekatafura kegirazi kaya. "Rwendo rwuno ndichaita zviri nani," akataura ega, achibva atanga nekutora kakiyi kegoridhe kaya nekukiyinura gonhi rainanga mubindu. Akabva atangana nekudya howa (akanga achengeta chidimu muhomwe yake), kusvika apfupika zvekuita masendimita makumi matatu, achibva atanga kufamba achidzira nemukoto. Akangozozviwana ave mubindu riya rakanaka, pakati pemihomba yemaruva akajeka nezvitubu zvemvura inotonhorera.

Chitsauko VIII

Nhandare yaMambokadzi yeMutambo weMabhora

Muti mukuru wemaruva emhando yemarozi wakanga uri pedyo nemusiwo webindu. Marozi aikurapo aiva machena, asi paiva nevashandi vemubindu vatatu vakanga vachiapenda kuita matsvuku. Alice akashaya kuti chii chaiitika ndokubva aswedera pedyo kuti anyatsoona. Paakanga ava kuti asvike pedyo navo akanzwa mumwe wacho oti, “Ngwarira iwe Shanu! Rega kundimwaza nependi kudaro!”

“Hapanawo zvandaigona kuita,” Shanu akadaro nenzwi risina mufaro, “Nomwe ndiye agumha gokora rangu.”

Apa Nomwe akasimudza musoro ndokuti, “Ndizvozvo Shanu! Wajaira kusundira vamwe mhosva!”

“Ibva wanyarara zvako!” akadaro Shanu. “Zuro chaiye ndakanzwa Mambokadzi vachiti unofanira kugurwa musoro!”

“Nemhaka yei?” akadaro akambenge atanga kutaura.

“Hazvinei newe Mbiri!” Nomwe akadaro.

"Hongu zvine chekuita naye!" Shanu akadaro, "zvakare ndinomuudza. Inyaya yekuti wakavigira mubiki midzi yeturipi pachinhambo chehanyanisi."

Nomwe akakanda bhurashi rake pasi, apo akanga achangotanga kuti, "Pazvinhu zvose zvekunenerwa nhema—" apo akaerekana aona Alice uyo akanga akamira akavatarisa ndokubva angonyarara. Vamwe vose vakatarisatarisawo ndokubva vose vakotamisa misoro vachiremekedza.

"Ndapota mungandiudzawo," akadaro Alice nekakutya, "Muri kupenderei marozi iwayo?"

Shanu naNomwe havana zvavakataura asi vakatarisa Mbiri, Mbiri achibva atanga kuti, nenzwi riri pasi, "Nyaya iripo ndeyekuti, munoona Muzvare, muti uyu waifanira kunge uri wemarozi matsvuku, saka takaisa wemachena nemhosho, zvino kana Mambokadzi vakazviziva, misoro yedu tose inobva yagurwa, maona. Saka munoona Muzvare, tiri kuedza kuzvigadzirisa asati auya ku—" pakarepo, Shanu uyo ainge akatarisa kubindu asina kugadzikana, akadaidzira, "Mambokadzi! Mambokadzi!" Pakarepo vashandi vatatu vaya vakabva vazvikanda pasi vozvambarara. Kwakanzwikwa mutsindo wetsoka dzakawanda, Alice achibva atarisatarisa nechido chokuda kuona Mambokadzi.

Pakatanga kuuya masoja gumi vakatakura tsvimbo. Ava vose vakanga vane chimiro chakafanana nechavashandi vemubindu vakareba asi vasina matumbu makuru, maoko avo neshoka zvaiva pamakona. Tevere machinda gumi. Ava vakanga vakashongedzwa miviri yose nengoda vachifamba vavirivaviri sezvinoita masoja. Mushure mavo kwakauya vana veumambo. Vakanga vari gumi zvakare, zvakare vakanga vachisvetukasvetuka nemufaro vakabatana maoko vavirivaviri. Vose vaive vakashongedzwa nemwoyo. Teverere kwakauya vaeni, kunyanya Madzimambo neMadzimambokadzi, zvakare pakati pavo Alice akaziva Mbira Chena. Yaitaura ichikasira nekakutya, ichisekererera chero chataurwa, ndokupfuura isina kana kumuona. Pakachizotevera Mushandirume weMwoyo akatakura ngundu yamambo iri pakushini yakatsvuruka yevherivheti. Shure kwemudungwe mukuru uyu, kwakauya MAMBO naMAMBOKADZI we-MWOYO.

Alice akashaya kuti ozvambarararawo here sezvakanga zvaita vashandi vatatu vaya asi akatadza kurangarira achimbonzwa nezvemutemo wakadaro pazviitiko zvakadai, "zvakare, maitiro akadai ane basa rei," akafunga, "kana vanhu vose vachizozvambarara kuti vasaona zviri kuitika?" Saka akaramba akamira paakanga ari ndokumirira.

Mudungwe pawakanga wava padivi paAlice, vose vakamira ndokumutarisa, Mambokadzi ndokuti neukasha, "Ndiyani uyu?" Izvi aizvibvunza kuMushandi weMwoyo uyo akangokotamisa musoro ndokusekerera semhinduro.

"Dununu!" akadaro Mambokadzi achirasa musoro asingadi kutambisirwa nguva. Saka achitendeukira kuna Alice, akaenderera mberi oti, "Zita rako ndiyani mwana?"

"Ndinonzi Alice Mambokadzi wangu," Alice akadaro neruremekedzo rukuru asi akawedzera achitaura oga, "Haiwa anongova makadhi emakasi awa. Handitombofaniri kuatya!"

"Ko ava ndivanaani?" Mambokadzi vakabvunza vachitendeka vashandi vatatu vemubindu vaya vakanga vavata vakatenderedza muti wemurozi, nokuti munoona, sezvo vakanga vakavata nematumbu, kumusana kwavo kwakangofanana nekwevamwe vose, Mambokadzi aisakwanisa kuziva kuti vashandi vemubindu here kana masoja kana machinda kana vamwe vatatu vevana vake.

"Ndingaziva sei?" akadaro Alice achitoshamisika neushingi hwake. "Harisi basa rangu."

Chiso chaMambokadzi chakatsvuka nehasha, ndokubva mushure mekumudzvokora kwechinguva sechikara, atanga kudaidzira, "Gurai musoro wake! Gurai—"

"Hazvina musoro!" Alice akadaro nenzwi riri pamusoro akashinga ndokubva Mambokadzi vati zii.

Mambo vakabata ruoko rwaMambokadzi ndokuti nekakutya, "Tarira mudiwa, anongova mwana!"

Mambokadzi akabva atarira divi akashatirwa ndokuti kuMurandarume weMwoyo, "Vapidigure!"

Murandarume akaita saizvozvo zvakanakana negumbo.

"Mukai!" Mambokadzi akadaro nekanzwi katete kakakwirira, vashandi vaya vatatu vachibva vati, kwaku, ndokutanga kukotamira kunaMambo, Mambokadzi, vana veumambo nevamwe vose.

"Siyanai nazvo!" Mambokadzi akadaidzira zvinovhundusa. "Munoita kuti ndisagadzikane." Ndokucheukira kumurozi achiti, "Manga muchiitei pano?"

"Mambokadzi wangu," akadaro Mbiri nenzwi rekuzvininipisa achityora muzura nebvi rimwe chete paaitaura, "Tanga tichiedza—"

"Ho-o!" Vakadaro Mambokadzi avo vainge vari kunan'anidza marozi. "Gurai misoro yavo!" ndokubva mudungwe waenderera mberi, pachisara masoja matatu aizouraya vashandi vemubindu vakanga vaita munyama ava, avo vakamhanya kunaAlice kuti avadzivirire.

"Hamuchagurwi misoro!" akadaro Alice ndokubva avaisa muhari huru yamaruva yaiva pedyo. Masoja matatu aya akadzivaira kwechinguva achivatsvaga, ndokubva vazoti verere votera vamwe.

"Misoro yavo yagurwa here?" Mambokadzi vakabvunza.

"Misoro yavo yagurwa Mambokadzi wangu!" masoja akapindura achidaidzira.

"Zvakanaka!" vakadaidzira Mambokadzi. "Unogona kutamba mutambo wekiroketi?"

Masoja akaramba anyerere ndokutarisa Alice sezvo vakaona kuti mubvunzo wakanangana naye. "Hongu!" akadaidzira Alice.

"Saka chiuya!" Vakadzvova Mambokadzi ndokubva Alice apinda mumudungwe, achiedza kufunga kuti chii chaizotevera.

"I—izuva rakanaka kwazvo!" rakadaro inzwi rine kakutya raiva padivi pake. Akanga achifamba padivi peMbira Chena yaidongorera chiso chake isina kugadzikana.

"Kwazvo," akadaro Alice. "Aripi Mudzimai wemba yeumambo?"

"Shi-i! Shi-i!" yakadaro Mbira nekukasira nenzwi riri pasi. Yakatarisatarisa shure isina kugadzikana ndokumira nezvigunwe kwava kuisa muromo wayo panzeve yake ndokuzevezera, "Atongerwa rufu."

"Nemhaka yei?" akabvunza Alice.

"Wati, 'Zvinonzwisa urombo!'?" Mbira yakabvunza.

"Kwete, handina kudaro," Alice akapindura. "Handifungi kuti zvinonzwisa urombo zvachose. Ndati, 'Nemhaka yei?'"

"Arova Mambokadzi nezvibhakera panzeve—" Mbira yakatangazve. Alice akaridza kamhere kekuseka. "A-a! Shi-i!" Mbira yazevezera nenzwi rizere kutya. "Mambokadzi vanokunzwa! Unoona vati nonokei, ndokubva Mambokadzi vati—"

"Endai panzvimbo dzenyu!" Mambokadzi vakadaidzira nenzwi gobvu, vanhu ndokubva vatanga kumhanyamhanya, kwesekwese vachiwisana. Zvisinei, nechinguvana vakanga vagadzikana ndokubva mutambo watanga.

Alice akafunga kuti akanga asati amboona nhandare yekirokweti yakadaro muupenyu hwake hwose. Yaiva midhunduru nemiforo yogayoga. Mabhora acho twaiva tututandove tupenyu, tsvimbo dzacho dzaive masekwe mapenyu, zvakare masoja aifanirwa kumira nemakumbo nemaoko akadurikidzana kuita magedhe.

Dambudziko guru rakasangana naAlice pakutanga nderekuti obata sei tsvimbo yake yeshiri. Akabudirira kuviga mutumbi wayo wose muhapwa dzake, makumbo ayo akarembera. Asi aiti paanenge agona kutambanudza mutsipa wayo kuti achirova chitutandove nemusoro wayo yaibva yazvonyongoka yomutarisa kumeso ichiratidza kuvhiringidzika zvaiita kuti Alice atadze kuzvibata opwatika kuseka. Paanenge agona kuisa musoro uya pasi oti achitangazve, zvaishatirisa zvikuru kuona kuti chitutandove chiya chinenge chazvimononora chave kutokambaira chichienda. Pamusoro pezvizvi, kazhinji kwaaida kurovera chitutandove kwaiva nemudhunduru kana muforo. Ukuwo masoja aya akaturikidzana ainge achingosimukasimuka ofamba kuenda kune dzimwe nzvimbo dzenhandare zvokuti Alice akaguma aona kuti waiva mutambo wakaoma zvikuru.

Vatambi vose vaingotambirana nguva imwe chete pasina kupana zvijana, vachitukana nekurwirana zvitutandove nguva dzose, zvokuti muchinguva chipfupi Mambokadzi vakanga vachishatirwa zvino, vongobhidhaira vachidaidzira paminiti yogayoga, "Gurai musoro womurume uyu!" kana "Gurai musoro wemukadzi uyu!"

Alice akatanga kunzwa kusagadzikana zvikuru. Pari zvino zvechokwadi akanga asati akonana naMambokadzi asi aiziva kuti zvaigona kungoitika chero nguva, "Saka zvozodii?" akafunga Alice, "Chii chichaitika kwandiri? Zvavanotyisa kuti vanofarira kungogura vanhu misoro pano! Zvinotoshamisa kuti kuchine vamwe vapenyu!"

Akanga ari kutarisatarisa nzira yekubuda nayo achinetseka kuti aigona here kubuda asina kuonekwa apo akaona chimwe chishamiso mumhepo. Zvakamuvhiringidza chaizvo pekutanga asi aramba akatarisa kwechinguva akaona kuti kuzhinyura ndokutaura oga, "IKiti iya yeCheshire. Iko zvino ndichawana munhu wokutauriranawo naye."

"Zviri kukufambira sei?" Kiti yakadaro apo muromo wayo wakanga wakura zvokukwanisa kutaura nawo.

Alice akamirira kusvika meso abuda ndokubva agutsurira. "Hazvibatsiri kutaura nayo," akataura oga, "kusvika nzeve dzavapo kana kuti imwe yadzo hayo." Nechinguvana musoro wese wakanyuka ndokubva Alice aisa pasi tsvimbo yake yeshiri ndokutanga tsanangudzo yemutambo achinzwa kufara kuti akanga awana anomuteerera. Kiti yakafunga kuti yakanga yava kuonekwa zvino zvakakwana ndokubva yamira kunyuka.

"Handifungi kuti vanotamba zvakanaka zvachose, "Alice akatanga kutaura nenzwi raiita sekakutsutsumwa, "Zvakare vanotukana zvakaipisisa zvokuti munhu haugoni kuzvinzwa uchitaura. Zvakare vanoita sekuti havana kana mitemo yekutevedzera. Kana iripo, hapana anoitevedzera. Zvakare haunyatsoziva kuvhiringidza kwazvinoita zvokutambisa zvacho zviri zvinhu zvipenyu. Somuenzaniso, unoona gedhe randinofara kupinda rave kufamba kune rimwe divi renhandare. Izvozvi ndanga ndichifanirwa kunge ndarova chitutandove chaMambokadzi, asi chabva chatiza pachaona changu chichiuya!"

"Mambokadzi unovaona sei?" yakabvunza Kiti nenzwi riri pasi.

"Hapana hapo," akadaro Alice. "Vakanyanya ku—" Pakarepo akabva aona kuti Mambokadzi vakanga vari shure kwake vakateerera. Saka akaenderera mberi, "—vangangokunda, zvokuti hazvina zvazvichabatsira kupedzisa mutambo."

Mambokadzi vakasekerera ndokupfuura zvavo.

"Uri kutaura nani?" Vakabvunza Mambo vachisvika pana Alice nokutarisa musoro weKiti uya nekuda kunzwisisa.

"Ishamwari yangu, Kiti yerudzi rweCheshire," akadaro Alice. "Ndibvumirei kuizivisa kwamuri."

"Handifariri zvairi zvachose," ndiMambo avo. "Zvisinei inogona kutsvoda ruoko rwangu kana ichida."

"Regai ndirege zvangu," Kiti yakataura.

"Usashaya rukudzo kudaro," akadaro Mambo, "Zvakare usanditarisa wakadaro!" akavanda seri kwaAlice achitaura.

"Kiti inogona kutarisa mambo," akadaro Alice, "Ndakazviverenga mune rimwewo bhuku asi handichazivi kuti kupi."

"Kana zvakadaro inofanira kubviswa," Mambo akadaro atofunga zvokuita ndokubva adana kuna Mambokadzi akanga ava kupfuura pachinguva ichocho, "Vadzimai! Dai zvaibvira maiti Kiti iyi ibviswe!"

Mambokadzi aingova nenzira imwe chete yekupedza zvinonetsa, zvikuru kana zvidoko. "Gurai musoro wake!" akadaro asingatombocheuki.

"Ndava kunotora anouraya wacho pachangu," Mambo akadaro asingachakwanisi kumira achibva ati hutu kuenda.

Alice akafunga zvokudzokera kunoona kuti mutambo wakanga wofamba sei sezvo ainzwa inzwi raMambokadzi richikuza nemufaro wakanyanya. Akanga atomunzwa achitongera vamwe vatambi vatatu kudimurwa musoro nechakare nokuti vakanga vakuta mikana yavo. Asi haana kufarira maitikiro ezvinhu zvachose nokuti mutambo rakanga rangova bvonyongera zvokuti akanga asisazive kuti wava mukana wake here kana kuti kwete. Naizvozvo akabva aenda kunotsvaka chitutandove chake chiya.

Chitutandove ichi chakanga chichitorwa nechimwe chitutandove zvinova zvakaita sekuti waiva mukana wakanaka kuna Alice wokurova chimwe chitutandove nechimwe. Dambudziko raingovapo chete nderekuti tsvimbo yake yekurovesa yakanga yatodimura kuenda kune rimwe divi rebindu uko Alice aiiona ichiedza nenzira isingabatsiri kubhururuka ichikwira mumuti.

Nenguva yaakazonobata shiri yake nokudzoka nayo, kurwa kwakanga kwapera zvitutandove zvose zvisisaonekwi. "Asi hazvina mhaka yakanyanya," akafunga Alice, "nokuti magedhe ose atobva kudivi rino renhandare." Saka akabva aipfekera muhapwa dzake kuti isatizazve ndokudzokera kunoita kahurukuro neshamwari yake.

Paadzokera paive neKiti, akashamisika kuwana pave nechaunga chevanhu vakaiunganira. Paiva negakava pakati pemuurayi, Mambo naMambokadzi, avo vaitaura vose pamwe chete vamwe vose vakati zii vanyerere, zvakare vachiratidza kusafara zvikuru.

Pakangosvika Alice, vose vari vatatu vakakumbira kuti agadzirise nyaya iyi ndokubva umwe noumwe adzokorora mafungiro ake kwaari, chero zvazvo zvakamuomera kuti anyatsonzwisisa zvavaitaura sezvo vose vaitaura nguva imwe chete.

Maonero emuurayi aiva ekuti, haugoni kugura musoro kunze kwekunge pane mutumbi waunougura uchibvapo. Izvozvo akanga asati ambozviita saka akanga asiri kuzozvitanga panguva ino yeupenyu hwake.

Maonero aMambo aiva okuti chinhu chese chaiva nemusoro chaigona kugurwa musoro saka muurayi aisafanirwa kutaura zvisina maturo.

Maonero aMambokadzi akanga ari ekuti, kana pasina chaitwa mukubwaira kweziso, akanga achazoti munhu wese aripo aurawe. (Pfungwa iyoyi yekupedzisira ndiyo yakanga yaita kuti munhu wese asuwe nekusagadzikana.)

Alice akashaiwa kuti otii asi kungoti, "NdeyeMudzimai wemba yeumambo. Zviri nani muvabvunze nezvazvo."

"Ari mutorongo," Mambokadzi vakadaro kumuurayi. "Huya naye pano." Muurayi ndiye hutu semuseve.

Musoro weKiti wakatanga kunyangarika paakangoenda, zvokuti paakazodzoka neMudzimai wemba yeumambo, yakanga yanyangarika yose. Saka Mambo nemuurayi vakamhanya samapenzi vachikwira nekudzira vachiitsvaga, ava vamwe vose ndokudzokera kumutambo.

Chitsauko IX

Rungano rwaKamba yeNhema

"Haumbozivi kuti ndafara zvakadii kukuonazve hama yangu!" Akadaro Mudzimai wemba yeumambo achikochekera ruoko rwake mune rwaAlice nerudo vachibva vafamba vachienda vose.

Alice akafara zvikuru kumuona achifara zvakadai ndokufunga kuti zvichida yaingova mhiripiri yainge ichimuitisa utsinye pavakasangana muimba yekubikira.

"Kana ndava Mudzimai wemba yeumambo," akataura oga, (nenzwi raisaratidza kuti zvingaitika zvechokwadi), "Handidi mhiripiri zvachose mumba yangu yekubikira. Muto unongonaka usina. Zvichida imhiripiri inopa vanhu ukasha," akaenderera mberi achifara kuti akanga awana inenge dudziro tsva yezviitiko izvi, "nevhiniga inoita kuti vasava vanhu kwavo, nemasamba emudondo anoita kuti vanyanye kupenga, ne…, neshuga yebhari nezvimwewo zvakadaro zvinoita kuti vana vave vanhu kwavo. Dai vanhu vaiziva! Vangadai vasingaomeri nayo kudai, unoziva?"

Akanga atokanganwa nezveMudzimai wemba yeumambo panguva iyi zvokuti akatovhunduka paakanzwa inzwi rake pedyo nenzeve yake. "Une zvimwe zvinhu zvauri kufunga hama yangu, izvo zvinoita kuti ukanganwe kutaura? Handingagoni kukuudza pari zvino chidzidzo chinobva ipapo asi ndichachirangarira garegare."

"Zvichida hapana chidzidzo chacho," Alice akangodaro.

"Aa-a! Aa-a, mwana!" akadaro Mudzimai wemba yeumambo. "Chinhu chese chine chidzidzo, ukangobudirira chete kuchiwana." Akanyanyozviswededza panaAlice achitaura.

Alice haana kufarira kunyanya kuti kwatikwati naye. Chekutanga, ndechekuti akanga akashatisa, uye chechipiri nokuti akanga akareba zvokuti chirebvu chake chaisvikozorora pabendekete raAlice, zvakare chichibaya semunondo. Zvisinei akanga asingadi kuratidza kushaya rukudzo saka akangoshingirira semakwanisiro ake.

"Mutambo unenge wave kufamba zvakanaka iko zvino," akadaro senzira yekuti varambe vachitaurirana.

"Ndizvozvo," akadaro Mudzimai uya. "Saka chidzidzo chacho ndechekuti, 'A-a, rudo, rudo, runoita kuti zvinhu zvifambe zvakanaka.'"

"Pane munhu akati," Alice akazevezera, "Zvinoitwa nekunge mumwe nemumwe aziva zvake!"

"A-a, zvakanaka! Zvinongoda kureva zvakafanana," akadaro Mudzimai uya achinyudza kachirebvu kake kaibaya mubendekete raAlice ndokuwedzera kuti, "Saka chidzidzo chaizvozvo ndechichi, 'Chengetedza zvinokosha, zvisina basa siyana nazvo.'"

"Iko kuda kuona zvidzidzo muzvinhu zvese!" Alice akafungira mumoyo.

"Ndinofunga uri kushaya kuti sei ndisingaisi ruoko rwangu muchiuno chako," akadaro mudzimai uya mushure mekumboti nyararei. "Chikonzero ndechekuti handina chokwadi nemaitiro eshiri yako. Ndingazviedze?"

"Ingangoruma," Alice akapindura nehungwaru asina shungu nekuti vaedze.

"Ichokwadi chizere," akadaro mudzimai uya. "Sekwe nemasitadhi zvose zvinoruma. Uye chidzidzo chacho, 'Dzinofura nzivani.'"

"Asika masitadhi haisi shiri!" Alice akashamisika.

"Wagona senguva dzose," akadaro Mudzimai uya. "Une nzira yako yakajeka yekuronga zvinhu!"

"Ndinofunga chicherwa," akadaro Alice.

"Ndizvo chaizvo," akadaro mudzimai uya aingoda kutenderana nezvose zvaitaurwa naAlice. "Pane mugodhi mukuru wemasitadhi pedyo nepano. Zvakare hechi chidzidzo chacho, 'Kuwanda kwezvangu, ndiko kushomeka kwezvako.'"

"A-a ndaziva!" Alice uyo asina kunge ateerera kune zvakataurwa pekupedzisira, akashamisika, "Muriwo! Haiiti semuriwo asi muriwo."

"Ndinobvumirana newe chaizvo," vakadaro mai vaya, "uye chidzidzo chacho ndechekuti, 'Iva sezvaunoita seuri'—kana kuti kana uchida kuzviisa neimwe nzira—'Usambozvione sekuti haukwanisi kuva zvaunofanira kuva zvakasiyana nezvinogona kunge zvichionekwa nevamwe kuti uri kana kuti ungadai usiri zvakasiyana nezvauri semaonero avanozviita ivo'."

"Ndinofunga ndingazvinzwisisa zviri nani," Alice akadaro nemutsa mukuru, "kana ndanga ndazvinyora pasi, asi handikwanisi kunyatsozvibata muchitaura."

"Hapana zviripo apa pane zvandingataura kana ndada zvangu," akapindura mudzimai uya nenzwi rairatidza kufadzwa nazvo.

"Aiwa chiregai zvenyu kuramba muchizvinetsa nekuzviwedzera," akadaro Alice.

"A-a, usataura nezvekuzvinetsa!" Akadaro mudzimai uya. "Ndichakuitira chipo pane zvese zvandataura kusvika pari zvino."

"Chipo chakangodarowo!" Alice akafunga. "Ndinofara kuti havapi zvipo zvakadaro pazuva rekuzvarwa!" Asi haana kuda kuzvitaura achidudza.

"Wava kufunga zvakare?" mai vaya vakabvunza, vachinyudza zvakare kachirebvu kavo kaibaya.

"Ndinotenderwa kufunga," Alice akajinyura nokuti akanga ave kutanga kunzwa kushungurudzika.

"Zvakangofanana nekodzero," vakadaro mai vaya, "yekuti nguruve dzine kodzero yekubhururuka uye chi—"

Zvakashamisa Alice ndezvekuti apa inzwi ramai ava rakabva raenda kunyange vakanga vari pakati peshoko ravo ravainyanyofarira, "chidzidzo", ruoko rwainge rwakanga rwakabatana nerwake rwuchibva rwatanga kubvunda. Alice akasimudza musoro ndokuona Mambokadzi akati dzi mberi kwavo, akapeta maoko achifinyama sedutu guru remhepo.

"Masikati akanaka Mambokadzi wangu!" akataura mukadzi uya nenzwi riri pasi risina simba.

"Ndave kukupa sarudzo zvino," Mambokadzi vakadaidzira vachidzanadzana, "Iwe kana kuti musoro wako zvinyangarike izvozvi! Sarudzo ndeyako!

Mudzimai uya akabva anyangarika nechinguvana.

"Hatienderei mberi nemutambo," vakadaro Mambokadzi kunaAlice uyo akanga atya zvokutadza kutaura asi kungomutevera zvishoma nezvishoma kudzokera kunhandare yemutambo.

Vamwe vakokwa vakanga vatora mukana wokusavapo kwaMambokadzi ndokunozorora mumumvuri. Asi pavangangomuti bamhama, vakabva vamhanya vachidzokera kumutambo, uku Mambokadzi achivajekesera kuti kungoti nonoke, kwaikonzera rufu.

Nguva dzose dzavaitamba, Mambokadzi haana kumborega zvokutukana nevamwe vatambi nekudaidzira, "Gurai musoro womurume uyu!" kana kuti "Gurai musoro womukadzi uyu!" Vose vaainge atongera rufu, vaibva vaendeswa kujere nemasoja, awo aifanirwa kusiya kumbova magedhe vachiita izvi, zvokuti mushure mechidimbu cheawa kana kupfuura, makanga musisina magedhe navatambi vose vava mujere vamirira kugurwa misoro. Kwakanga kwangosara Mambo, Mambokadzi naAlice.

Apa Mambokadzi akabva abva, achifemereka ndokuti kunaAlice, "Wati waona Kamba yeNhema?"

"Kwete," akadaro Alice. "Handitombozivi kuti Kamba yeNhema chii."

"Ndicho chinhu chinogadzirisa Muto weKamba weNhema." Akadaro Mambokadzi.

"Handina kumboiona kana kunzwa nezvayo," akadaro Alice.

"Saka huya hende," vakadaro Mambokadzi, "achanokuudza nhoroondo yeupenyu hwake."

Pavainge vofamba vachienda pamwe chete, Alice akanzwa Mambo achiti nenzwi riri pasi kuvanhu vose, "Mose maregererwa!" "Ya-a,chinhu chakanaka ichi!" Alice akataura oga, nokuti akanga anzwa kusafara chaizvo neuwandu hwevanhu vakanga vanzi naMambokadzi vagurwe misoro.

Vakabva vasvika pakanga pakavata Ziruma rakanga rakafa nehope muzuva. (Kana usingazivi kuti Ziruma chii, tarisa pamufananidzo.) "Muka! zisimbe!" Mambokadzi akadaro, "Utore musikana uyu uende naye kunoona Kamba yeNhema kuti anonzwa nhoroondo yeupenyu hwake. Ini ndinofanira kudzokera kuti ndinoona kuti zvokuurawa kwavanhu zvandasunga zvaitwa here," akabva afamba achidzokera achisiya Alice neZiruma riya. Alice haana kufarira mamiriro echipuka chacho asi pamusoro pazvose akafunga kuti zvingatova nani kugara nacho pane kutevera Mambokadzi wemwoyosviba uya. Saka akamira.

Ziruma riya rakamuka ndokugara richipukuta meso aro, ndokuramba rakatarisa Mambokadzi kusvika asati achaonekwa, richibva raseka. "Zvinosetsa!" Rakadaro Ziruma, richizvitaurira nekutaurirawo Alice.

"Chii chinosetsa?" Akabvunza Alice.

"A-a, iye!" Rakadaro Ziruma. "Ndoo zvaanofunga kuti zvinoitika. Unoziva, hapana kana wavanombouraya. Hande!"

"Munhu wese kuno anoti, "Hande!" akataura oga Alice achiritevera zvishoma nezvishoma. "Handisati ndakamboita zvekuudzwa neganyavhu sezvizvi muupenyu hwangu. Kana!"

Havana kure kwavanga vati vamboenda vachibva vaona Kamba yeNhema nechekure yakagara, yakasuwa iri yoga pakatombo, uye pavaiswedera pedyo Alice aiinzwa ichitura mafemo kuita sezvinonzi mwoyo wayo uchatsemuka. Akainzwira tsitsi zvikuru. "Chii chinoitambudza?" akabvunza Ziruma. Ziruma riya rakapindura nemanzwi akangofanana nearakambenge rashandisa, "Zviri mupfungwa dzake. Unoziva, haana kana dambudziko. Hande!"

Saka vakabva vaenda panaKamba yeNhema, uyo akavatarisa nameso makuru azere misodzi asi haana chaakataura.

"Musikana wechidiki ari pano uyu," rakadaro Ziruma, "anoda kuziva zvenhoroondo yeupenyu hwako, ndoo zvaanoda."

"Ndinomuudza nhoroondo yacho," yakadaro Kamba yeNhema nenzwi gobvu risina upenyu. "Garai pasi mose, zvakare musataura chinhu kusvika ndapedza."

Saka vakabva vagara pasi, zvakare hapana akataura kwechinguva. Alice akafunga nechomumwoyo, "Handioni kuti angapedza sei kana asingatangi." Asi akamirira nomwoyo wose.

“Kare,” yakazodaro Kamba yeNhema ichitura zifemo, “Ndaive Kamba chaiyo.”

Mashoko aya akateverwa nerumwe runyararo rurefu rwaingopota rwuchidimuririrwa pano nepapo nekushamisika kweZiruma richiti, “Ha-a!” nekupfikura zvine simba kweKamba yeNhema. Alice akanga ava pedyo nekusimuka achiti, “Maita zvenyu mukuru wangu, nenyaya yenyu inonakidza,” asi haana kukwanisa nokuti aifunga kuti panofanira kuva nezvimwe zvinotevera. Saka akaramba akagara zvakare haana chaakataura.

“Pataive tichiri vadiki,” Kamba yeNhema yakazoenderera mberi yadzikamira, chero zvayo yaipota ichipfikura pano neapo, "takainda kuchikoro mugungwa. Mudzidzisi aiva Kamba yakachembera. Taimuti Mudzidzisi *Kamba*"

"Maimuitirei kuti Mudzidzisi *Kamba* kana akanga asiri?" Alice akabvunza.

"Taimuti Mudzidzisi Kamba kubva paugamba hwekutidzidzisa," yakadaro Kamba yeNhema yashatirwa. "Zvechokwadi uri dofo!"

"Unofanirwa kuzvinyarira nokubvunza mubvunzo wakapusa kudaro," rakapindirawo Ziruma ndokubva vose vagara vanyerere vakatarisa VaAlice vangu vaiita sokuti vachanyura muvhu nenyadzi. Ziruma rakazoti kunaKamba yeNhema, "Enderera mberi mudhara wangu! Usapedze zuva rose!", Ndokubva aenderera mberi namashoko aya:

"Hongu, takaenda kuchikoro mugungwa chero zvako ungasada kuzvitenda..."

"Handina kumboti handizvitendi," akamudimurira Alice.

"Ndizvo zvawaita," yakadaro Kamba yeNhema.

"Nyarara!" Rakadaro Ziruma Alice asati awana mukana wokutaurazve. Kamba yeNhema yakaenderera mberi.

"Taive '*nezvidzidzo zvapamusoro*'-uye taienda kuchikoro chero zuva—"

"Neniwo ndakaenda kuchikoro chinoendwa chero zuva," Alice akadaro. "Haufaniri kunyanya kudada nezvazvo zvakadaro."

"Kuchiitwa zvizhinji?" yakabvunza Kamba yeNhema nekakuda kunzwisisa.

"Hongu," akadaro Alice, "taidzidza chiFurenji nezvekuimba."

"Nokuwacha nhumbi? Kamba yeNhema akabvunza.

"Kwete zvakadaro izvo!" Alice akapindura agumbuka.

"A-a! Saka chenyu chakanga chisiri chikoro kwacho," akadaro Kamba yeNhema nenzwi rairatidza kusununguka. "Zvino kwedu, vaiva nezvimwe pamusoro, 'ChiFurenji, zvokuimba ne*kuwacha*—pamusoro pazvo'."

"Handifungi kuti zvainyanyokosha," akadaro Alice, "muchigara pasi pegungwa."

"Handina kukwanisa kuchidzidza," akadaro Kamba yeNhema achitura mafemo. "Ndakangoita zvaifanira kudzidzwa chete."

"Chaiva chii ichocho?" akabvunzisisa Alice.

"Ridingi neRaitingi pakutanga," yakapindura Kamba yeNhema, ndokuzotevera mapazi akasiyanasiyana Eretimetiki: kuAdha, Suputirekisheni, Matapurikesheni nekuDhivhaita ."

"Handisati ndambonzwa 'nezveMatapurikesheni'," Alice akadaro. "Chii ichocho?"

Ziruma rakasumudza makumbo aro ose nokushamisika. "Hausati wambonzwa zvematapurikisheni!" rakashamisika. "Ndinofunga kuti unoziva zvinoreva matapura!"

"Hongu," akadaro Alice asisina chokwadi. "Zvinoreva—kuti—matapu—magwi—ekudya"

"Saka kana zvakadaro," rakaenderera mberi Ziruma, "kana usingazivi zvinoreva matapura, hauna njere."

Alice haana kuzonzwa kuda kubvunza mimwe mibvunzo pamusoro pazvo. Akabva atendeukira kunaKamba yeNhema ndokuti, "Chiizve chimwe chamakadzidza?"

"Ya-a, kwaiva neHesitori yakare neyazvino-, neJokirafa kouya kuDhorowa—Mudzidzisi wekuDhorowa aiva mudhara aiuya kamwe chete pavhiki. Aitidzidzisa kuDhorowa, kuSiterecha mifananidzo nekuKara makoiri nependi.

"Zvakanga zvakaita sei izvozvo?" Alice akabvunza.

"Unoona, handigoni kukuratidza ini pachangu," yakadaro Kamba yeNhema. "Muviri wangu wakanyanya kuomarara. Zvakare Ziruma harina kumbozvidzidza."

"Ndaive ndisina nguva," rakadaro Ziruma. "Asi ndakaenda kumudzidzisi wezvidzidzo zvakare zveKirasikari. Raiva gakanje rapera chairo, ndizvo zvaaiva."

"Handina kumbofa ndakaenda kwaari," yakadaro Kamba yeNhema ichitura mafemo. Aidzidzisa Ratini neGiriki ndizvo zvavaigarotaura."

"Saka akaita! Saka akaita!" Rakadaro Ziruma richiturawo mafemo ndokubva zvipuka zviviri zvaviga zviso mumatsimba azvo.

"Saka maiita zvidzidzo zvenyu maawa mangani?" Alice akabvunza achida kukasira kushandura musoro wenyaya.

"Maawa gumi pazuva rekutanga," akadaro Kamba yeNhema, "mapfumbamwe rinotevera, zvichingodaro."

"Aiva maitiroi aya!" Alice akashamisika.

"Ndiko kusaka achinzi ma*Reseni* nokuti anoenda achiita mashoma zuva nezuva."

Awa maitiro, chaiva chinhu chitsva kunaAlice zvokuti akamboti fungei zvishoma nezvazvo asati ataura zvakare. "Zvoreva kuti rechigumi nerimwe raiva zororoka?"

"Kwazvo, raiva zororo," akadaro Kamba yeNhema.

"Saka maizoita sei pane rechigumi nepiri?" Alice akaenderera mberi achida kunyatsonzwisisa.

"Zvakwana zvezvidzidzo," Ziruma rakadimurira nenzira yokupedza nyaya. "Iko zvino chimuudza nezvemitambo."

Chitsauko X

Mumveesano weHove

Kamba yeNhema yakatura mafemo ndokudzora gumbo remberi yozvivhara meso. Yakatarisa Alice ndokuedza kutaura asi kwechinguvana inzwi rakatadza kubuda nekupfikura. "Semunhu ane bvupa pahuro," rakadaro Ziruma, ndokutanga kuizuza nokuirova zvibhakera kumusana. Inzwi reKamba yeNhema rakadzoka ndokubva yaenderera mberi misodzi ichiyerera pamatama::—

"Unogona kunge usina kugara zvakanyanya pasi pegungwa—" ("Handina," Alice akadaro) "—zvakare unogona kunge usina kumboziviswa kuhove yemhando yerobhusita—" (Alice akatanga kuti, "Ndakamboravira—" asi akazvidzora nokukasira ndokuti "Kwete! Kana!") "—Saka haungavi neruzivo kuti mumveesano unoitwa nemhando yehove iyi chinhu chinofadza zvakadii!"

"Kwete zvechokwadi," akadaro Alice. "Mumveesanoi iwoyo?"

"Zvinonzwai, rakadaro Ziruma, "munotanga maita mutsetse makatevedza mhenderekedzo—"

"Mitsetse miviri!" yakazhamba Kamba yeNhema. "Miramba, kamba, mitsinde, zvichingodaro. Mozoti kana mabvisa hove dzose dzinosvedza—"

"Zvinowanzotora nguva," Ziruma rakamudimurira.

"—moenda mberi kaviri—"

"Umwe neumwe nehove iyi soumwe wake!" Rakazhamba Ziruma.

"Ndizvozvo chaizvo," yakadaro Kamba yeNhema. "Ende mberi kaviri, mira nowako—"

"—mochinjana hove iya mobva mapedza makadaro," rakaenderera mberi Ziruma.

"Chotevera unoziva," Kamba yeNhema yakaenderera mberi, "mokanda ho—"

"Hove dziya!" Ziruma rakadaidzira richisvetukira mudenga.

"—mugungwa kusvika kure kwaunokwanisa—"

"Moshambira muchiatevera!" Rakazhambatata Ziruma.

"Woita chamunyurududu mugungwa uchidzoka!" Kamba yeNhema akadaidzira achiedzesera rumveesano nesimba.

"Mochinjana hove dziya zvakare zvakare!" Ziruma rakadaidzira nenzwi riri pamusoro.

"Modzokerazve kunze kwegungwa. Izvi ndizvo zvese zvepakutanga," akadaro Kamba yeNhema inzwi richidzika, ndokubva zvipuka zviviri zvainge zvichisvetukasvetuka sezvinopenga nguva yose iyi, zvagara pasi, zvakasuwa, zvakanyarara ndokutarisa Alice.

"Uyu unofanira kuva mumveesano wakanaka kwazvo," akadaro Alice nekakutya.

"Ungada kuona zvishoma maitirwo acho?" Kamba yeNhema akabvunza.

"Zvakanyanya chaizvo," Alice akadaro.

"Huya tiedze chikamu chekutanga!" yakadaro Kamba yeNhema kuZiruma. "Unoziva, tinogona kuita tisina hove. Ndiyani achaimba?"

"A-a, imba iwe," rakadaro Ziruma. "Ini ndakanganwa manzwi acho."

Vakabva vatanga kumveesana zvinyoronyoro, vachitenderera nokutenderera Alice, vachimutsika zvigunwe zvake pano neapo, apo vainge vapfuura pedyopedyo naye.

"Ungafambisawo zvishoma here?" Rakadaro jenya kuhozhwa.

"Ungafambisawo zvishoma here?" Rakadaro jenya kuhozhwa.

"Shure kwedu kune jekausiye riri kunditsika muswe wangu.
Honai mauyiro ari kuita hove dzemumveesano nekamba nechimbichimbiDzakamirira pachiware- mungauya here titambe?
Munouya? Hamuuyi? Munouya? Hamuuyi? Muri kuva nesu here pakutamba?
Munouya? Hamuuyi? Munouya? Hamuuyi? Hamusi kuva nesu here pakutamba?

"Munogona kunge musingazivi kuti zvichanakidza zvakadii
Kana votitora nokutikanda mugungwa pamwe chete nehove dzemumveesano!"
Asi hozhwa yakapindura ikati, "Kurekure, kurekure!"
Ndokubva amutarisa neziso rine mubvunzo.
Akatenda jenya nomoyo wose asi ndokuti akanga asiri kuzopinda pakutamba
Asingakwanisi. Asingauyi Asingakwanisi. Asingauyi. Asingakwanisi kuva navo pakutamba.
Asingakwanisi. Asingauyi Asingakwanisi. Asingauyi. Asingavi navo pakutamba.

"Chakakosha ndechekuti tinoenda kure zvakadini?" yakadaro shamwari yake hove.
"Kune mamwe mahombekombe kune rimwe divi, unoziva.
Kuva kure neHingirandi, ndikowo kuva pedyo neFuranzi.
Chirega kuti surududu hozwa, hama yangu, asi huya utambe.
Munouya? Hamuuyi? Munouya? Hamuuyi? Muri kuva nesu here pakutamba?
Munouya? Hamuuyi? Munouya? Hamuuyi? Hamusi kuva nesu here pakutamba?

"Maita henyu, mumveesano unonakidza chose kutarira," akadaro Alice achifara kwazvo kuti zvakanga zvazopera. "Zvakare ndafarira karwiyo pamusoro pehove!"

"A-a, kana zviri zvehove," akadaro Kamba yeNhema, "dzino—wakambodziona handiti?"

"Hongu," Akadaro Alice, "Ndinosimbodziona pachirayi—" akakasira kuzvidzora.

"Handizivi kuti Chirayi angavepi," yakadaro Kamba yeNhema, "Asi kana uchisimbodziona ruzhinji, saka kana zvakadaro unoziva zvadziri".

"Ndovimba kudaro," Alice akapindura achidzamisa pfungwa. "Dzine miswe mumiromo yadzo, zvakare dzine mafufu muviri wose."

"Warasika pamafufu," yadaro Kamba yeNhema. "Mafufu angabva ose mugungwa. Asi dzine miswe yadzo mumiromo madzo uye chikonzero ndechekuti—" Kamba yeNhema akashama n'ai achivhara meso ake. "Muudze nezvechikonzero nezvimwe zvose," akadaro kuZiruma.

"Chikonzero ndechekuti," rakadaro Ziruma, "dzaienda nehove dzemumveesano kumutambo. Saka dzakakandwa mugungwa. Saka dzakadonha parefu. Saka miswe yadzo yakanamira mumiromo yadzo. Saka dzakatadza kuzoibudisa zvakare. Ndizvo zvose."

"Maita henyu," akatenda Alice, "zvinonakidza chaizvo. Ndanga ndisingazivi zvakawanda kudai nezvejenya."

"Ndinogona kukuudza zvimwe kupfuura ipapo kana uchida," rakadaro Ziruma. "Unoziva kuti sei ichinzi jenya?"

"Handina kumbofunga nezvazvo," akadaro Alice. "Sei?"

"Inoita zvemajombo neshangu," Ziruma rakapindura zvinyoronyoro.

Alice akavhiringidzika zvachose. "Kuita zvemajombo neshangu!" Alice akadzokorora nenzwi rairatidza kushamisika.

"Aika! Shangu dzako dzinopukutwa nei?" rakadaro Ziruma. "Ndinoreva kuti chii chinoita kuti dzipenye kudaro?"

Alice akatarisa kushangu dzake, ndokufunga zvishoma asati apindura. "Ndinofunga dzakazorwa zvokusvibirisa."

"Majombo neshangu pasi pegungwa," rakaenderera mberi Ziruma nenzwi gobvu, "dzinopukutwa nemachenya. Wave kuzvizivaka?"

"Saka dzakagadzirwa nei?" Alice akabvunza nenzwi raiva nekakuda kuziva.

"Machenya nemirambazve," rakadaro Ziruma risingadi kupedzerwa nguva. "Chero vanaPunha nanaTarubva vaigona kukuudza izvi."

"Dai ndaiva ini jenya," akadaro Alice uyo aiva nepfungwa dzakanga dzichiri kurwiyo rwuya, "Ndingadai ndakati kujekausiye, 'Dzokera shure ndapota! Hatisi kukuda patiri!'"

"Vaitofanirwa kuva naye jekausiye," akadaro Kamba yeNhema. "Hakuna hove ine ungwaru ingaenda kwainoenda isina jekausiye."

"Haingadaro nhai," Alice akabvunza nenzwi rine kakushamisika.

"Kwazvo!" Yakadaro Kamba yeNhema. "Nei, kana hove ingauya kwandiri ichindiudza kuti inoda kufamba rwendo ndinotoiti, 'ne*chiangwa* chei?'"

"Hausi kureva '*chinangwa* here'?" Alice akabvunza.

"Ndinoreva zvandiri kutaura," yakapindura Kamba yeNhema nekakugumbuka. Ziruma rakabva rapindira richiti, "Haiwa, tiudze zvako nenhoroondo dzeupenyu hwako iwe."

"Ndingakuudzai nhoroondo dzoupenyu hwangu ndichitangira pamangwanani anhasi," akadaro Alice nekakutya. "Hazvibatsiri kuti ndidzokere kune zvazuro sezvo zuro ndaiva mumwewo munhu."

"Tsanangura zvose izvozvo," yakadaro Kamba yeNhema.

"Kwete, kwete! Nhoroondo kutanga," rakadaro Ziruma nenzwi rokusada kutambisirwa nguva. "Zvetsananguro zvinotora nguva refusa."

Saka Alice akabva atanga kuvatsanangurira nhoroondo dzake kubvira paakatanga kuona Mbira chena. Akatanga aine kakutya, zvipuka zviviri zvakaswedera pedyopedyo naye, chimwe divi chimwe rimwe divi, ndokuvhura meso nekushama muromo zvakanyanya asi akazvishingisa ndokuenderera mberi. Vateereri vake vakanga vakati mwiro kusvika paakazenge asvika paaidzokorora kuti, "*Machembera Baba William*", kuGonye, zvakare manzwi akange ave kubuda zvisizvo. Apa ndipo pakatura Kamba yeNhema mafemo ndokuti, "Zvinoshamisa."

"Zvose zvinoshamisa sokushamisa kwazvingagona kuita," rakadaro Ziruma.

"Zvese hazvina kubuda zvakanaka!" Yakadzokorora Kamba yeNhema yakadzamisa pfungwa. "Ndingada kunzwa achidzokorora chimwe chinhu izvozvi. Muudze atangezve." Yakatarisa Ziruma sekuti yaifunga kuti ndiro rine simba pamusoro paAlice.

"Simuka uite, '*Inzwi resimbe*'," rakadaro Ziruma.

"Zvinoita zvipuka izvi zvekutuma vamwe zvekuita nekuita kuti munhu adzokorore zvidzidzo!" Akafunga Alice. "Zvingatove nani ndinge ndiri kuchikoro izvozvi." Zvisinei akasimuka ndokutanga kuidzokorora asi musoro wake wakanga uchakazara rwuyo rwemumveesano wehove zvokuti haana kutomboziva kuti akange ari kuti kudii, uye manzwi acho aibuda zvisinganzwisisiki zvachose:—

"Inzwi rehove yemumveesano; ndamunzwa achidaro
'Wandibheka ndikasvibisa, ndinoda kuisa shuga muvhudzi
rangu.'
Sedhadha rine meso aro, saka ane mhino yake
Anodzora bhandi nemabhatani ake, uye budisa zvigunwe
zvake.
Kana jecha rakaoma, anofara seshiri inoimba,
Uye inotaura nenzwi rine ruvengo seShaki:

Asi kana dutu remvura rosumuka, mashaki avapo,
Inzwi rake rinenge rava nekakutya uye richibvundirira."

"Zvasiyana nematauriro andaizviita ndichiri mwana," rakadaro Ziruma.

"Ya-a ini handisati ndamboinzwa," yakadaro Kamba ye-Nhema; "Asi zvinonzwika kuti hazvina nemusoro wese."

Alice haana zvaakataura. Akanga agara pasi akabata kumeso kwake nemaoko ake, achishungurudzika kuti pane chakanga chichazoitika semazuva ese zvakare here.

"Ndingada kuti zvitsanangurwe," akadaro Kamba yeNhema.

"Haagoni kuzvitsanangura," rakadaro Ziruma nekukasira. "Enderera mberi nendima inotevera."

"Asi nezvezvigunwe zvake?" Kamba yeNhema yakasimbirira. "Unoziva, aigozviburitsa nemhuno yake sei?"

"Ndicho chinhano chekutanga pamumveesano," Alice akadaro asi achishamisikawo zvikuru nenyaya yacho yose zvokuti akanga oshuvira kuti vachishandura musoro wenyaya.

"Enda mberi nendima inotevera," rakadzokorora Ziruma risisadi zvekutambisirwa nguva. "Inotanga ichiti, '*Ndakapfuura napabindu rake*'."

Alice akaona kuti hazviiti kuti asateerera, chero zvake aiziva kuti zvaisazobuda zvakanaka, ndokuenderera mberi nenzwi raidedera:—

"Ndakapfuura nepabindu rake ndikaona neziso rimwe chete,
Magovanirano aiita Zizi neMbada chingwa chine nyama pakati:
Mbada yakatora goko nemuto nenyama,
Iri Zizi rikatora ndiro semugove wemutakunanzva uyu.
Chingwa chine nyama pakati zvachanga chapera,
Zizi rakatenderwa kutora chipunu sechipo:
Iyiwo Mbada yakawana banga neforogo isingafari,
Ndokupedzisa mabiko ne—"

"Zvinobatsirei kudzokorora zvose izvozvo," Kamba yeNhema yakamudimurira, "kana usingazvitsananguri paunozvitaura? Ichi ndicho chinhu chinovhiringidza zvakanyanyisa chandati ndanzwa muupenyu hwangu hwose!"

"Hongu, zviri nani uchirega," rakadaro Ziruma. Alice akanzwa kunzwa kufara zvikuru kuita saizvozvo.

"Tingaedzazve here chimwe chikamu mumveesano wehove?" Ziruma rakaenderera mberi. "Kana kuti ungade kuti Kamba yeNhema akuimbire rwumwe rwiyo?"

"Ya-a, rwiyo ndapota kana Kamba yeNhema achida hake," Alice akapindura netarisiro huru zvokuti Ziruma rakati nezwi rinoratidza kugumbuka, "Ha-ha! Hauzivi zvaunoda! Muimbire '*Muto weKamba'*, wodaroka mukuru wangu?"

Kamba yeNhema yakatura femo hombe ndokutanga kuimba nezwi raipota richidimurirwa nekuchema:—

"Wakanaka Muto, wakakora nekusvibira,
Wakamirira muhari inopisa
Ndiyani angarega kukotamira zvakaisvonaka kudaro?
Muto wamadekwana, muto wakanaka!
Muto wamadekwana, muto wakanaka!
Muuuu—toooo wakanaaaa—ka!
Muuuu—toooo wakanaaaa—ka!
Muuuu—toooo weeee—weeee—manheru,
Wakanaka, wakanaka Muto!

"Wakanaka Muto! Pane anoda hove,
Yemhuka kana chimwewo chekudya?
Ndiyani angarega kupa zvose zvaanazvo
Kuti Muto wakanaka wemapeni maviri chete
Peni chete Muto wakanaka?
Muuuu—toooo wakanaaaa—ka!
Muuuu—toooo wakanaaaa—ka!
Muuuu—toooo weeee—weeee—manheru,
Wakanaka, wakana-KA MUTO!"

"Korosi zvakare!" Rakazhamba Ziruma. Kamba yeNhema yakanga yatanga zvakare kuidzokorora, apo pakanzwikwa kudaidzira kuti, "Dare rotanga!" nechekure.

“Hande!” rakazhamba Ziruma ndokubata Alice ruoko rofambisa richienda pasina kuzomirira kupera kwerwiyo.

“Idare rei?” Alice akabvunza achifemereka achimhanya asi Ziruma rakangopindura kuti, “Hande!” Ndokumhanyisa nechekure vachinzwa mazwi ane kusuwa aitakurwa nesvimhepo svaivatevera:—

“Muuuu—toooo weeee—weeee—manheru,
Wakanaka, wakanaka Muto!”

Chitsauko XI

Ndiyani Akaba Tumakeke?

Mambo naMambokadzi veMwoyo vakanga vakagara pachigaro chavo cheushe pakasvika vanaAlice, vakakombwa negungano guru (mhando dzose dzetushiri nemhuka pamwe chete navose vanokosha vakasvika pamwe chete nevechiuto). Musungwa akanga akamiswa mberi kwavo akasungwa necheni ari pakati pemasoja maviri, pedyo naMambo pakanga pane Mbira Chena iya yakabata bhosvo mune rumwe ruoko nebhuku remutemo mune rumwe. Pakati pedare paiva netafura, pamusoro payo pane dhishi guru retumakeke. Twakanga twakaisvonaka zvokuti Alice akanzwa nzara nekungotutarisa, "Dai vakachitonga mhosva iyi," Alice akafunga, "vobva vatipa twokudyiradyira," asi pakaita sekuti izvi zvakanga zvisiri kuzoitika, saka akatanga kutarisa zvose zvaivapo senzira yekuvaraidza nguva.

Alice akanga asati ambopinda mudare rezvemutemo asi akanga angoverenga nezvazvo mumabhuku naizvozvo akafara chaizvo kuona kuti aiziva mazita echero chipi zvacho chaivapo. "Uyo ndiJaji," akatarua oga, "nokuda kweziwigi rake."

Mambo ndiye akanga ari jaji wacho, zvakare nekuda kokuti akanga akapfeka wigi (ona mufananidzo kumavambo kana uchida kuona kuti akanga akazviita sei), aisataridza kugadzikana, zvakare zvakanga zvisina kumufanira zvachose.

"Umo ndimo munogara vatongi," akafunga Alice, "zvakare tupuka gumi netuviri utwo" (aitofanirwa kuti "tupuka", munoona, nokuti tumwe twacho twaive mhuka tumwe turi shiri), "ndinoona ndivo vatongi vacho." Akadzokorora inzwi rokuti 'vatongi' kaviri kana katatu achitaura oga nekunzwa kudada nazvo, nokuti akafunga, izvo ndizvozvowo chaizvo, kuti kwaiva netusikana twezera rake tushoma chaizvo twaiziva zvazvaireva zvose izvi. Zvisinei, "vatongi vevanhu" vaigona kutevedzera mutemo zvakanaka.

Vatongi gumi nevaviri vaya vakanga vachinyora pazvirete vachiratidza kuti vari pabasa. "Vari kuitei?" Alice akazevezera kuZiruma. "Havangave vatove nechekunyora iro dare risati ratanga!"

"Vari kunyora mazita avo," Ziruma rakamupindura richizevezera, "nokuti vanotya kuti vanogona kuakanganwa dare risati rapera."

"Zvinhu zvisina musoro!" Alice akataura nenzwi rine hasha riri pamusoro, asi akabva anyarara nekukasika nekuti Mbira Chena yakadadzira kuti, "Runyararo mudare!" ndobva Mambo vapfeka magirazi avo vachitarisatarisa vasina kugadzikana kuti vaone kuti ndiyani akanga achitaura.

Alice aiona zvakare kuti vatongi vose vainyora "Zvisina maturo!" pazvirete zvavo sezvo aizviona napamusoro pemapendekete avo, zvakare aitonyatsoona kuti mumwe wavo akanga asingakwanisi kunyora chiperengo chekuti, "zvisina maturo", zvokuti akatobvunza aiva pedyo naye kuti amuudze. "Zvirete zvavo zvichange zvazara nekuparapadzwa iro dare risati rapera!" akafunga Alice.

Umwe wavatongi ava aiva nepenzura yairira. Izvi Alice haana kuzvifarira ndokubva atenderera dare kusvika amira kumusana kwake, ipapo achibva awana mukana wekuitora. Akazviita nekukasira zvokuti vamutongi vangu, (aiva Bill, dzvinyu riya) havana kunzwisisa kuti chii chaitika kwairi, saka mushure mekuitsvaga posepose, zvakamumanikidza kunyora nemunwe muswere wose, zvakare izvi hazvina zvazvaibatsira nokuti hapana chaibuda pachireti.

"Muchuchusi, verenga mhosva!" akadaro Mambo.

Pakarepo Mbira Chena yakaridza bhosvo katatu ndokuvhura bhuku yoverenga sezvinotevera:—

"Mambokadzi veMwoyo vabika tumakeke,
Muswere wezuva rose rechirimo:
Murandarume weMwoyo, akaba tumakeke twacho,
Ndokuenda natwo kure!"

"Ipai mutongo wenyu!" Mambo akadaro kuvatongi.

"Kwete izvozvi, kwete izvozvi!" Mbira yakakasira kudimurira. "Pane zvakawanda zvinotevera tisati tasvika ipapo!"

"Dana chapupu chokutanga," vakadaro Mambo, ndokubva Mbira Chena yaridza bhosvo rutatu, ndokudaidzira ichiti, "Chapupu chokutanga!"

Chapupu chokutanga aiva Musoni wenguwani. Akapinda akabata kapu yetii mune rumwe ruoko nechidimu chechingwa chine bhata mune rumwe. "Ruregerero, Changamire," akatanga, "nokupinda nezvizvi kwandaita, asi ndanga ndisati ndanyatsopedza tii yangu apo ndadanwa."

"Wanga uchifanirwa kunge wapedza," akadaro Mambo. "Watanga riini?"

Musoni wenguwani akatarisa Tsuro Magen'a uyo akanga amutevera kudare akabatana maoko naShana. "Musi wezuva rechigumi nena Kurume ndinofunga kudaro," akapindura.

"Musi wezuva rechigumi neshanu Kurume!" akadaro Tsuro Magen'a.

"Musi wezuva rechigumi netanhatu Kurume!" akawedzera Shana.

"Nyorai pasi izvo," Mambo akadaro kuvatongi vachibva vanyora madheti ose ari matatu pazvireti zvavo, ndokuabwerengedza ose, ndokuburitsa mhinduro yave kumashereni nemapeni.

"Bvisa heti yako," Mambo akadaro kuMusoni wenguwani.

"Haisi yangu," akadaro Musoni wenguwani.

"*Yabiwa!*" Mambo akashamisika achitendeukira kuvatongi, avo vakabva vanyora izvi pasi.

"Ndinodzichengetera kutengesa," Musoni wenguwani akawedzera tsananguro. "Handina yandinoti yangu. Ndiri musoni wenguwani."

Apa Mambokadzi vakapfeka magirazi avo ndokudzvokora Musoni wenguwani uyo akabva auna asisina kugadzikana.

"Ipa umboo hwako," akadaro Mambo, "zvakare rega kuvhunduka, kana kuti ndingazoti ugurwe musoro pakarepo."

Izvi hazvina kubatsira mupi weumboo zvachose. Akaramba ongoti akatsika negumbo iri otsika neroro achitarisa Mambokadzi asina kugadzikana, zvakare mukuvhiringika ikoku, akaruma chidimbu chikuru chekapu yake yetii pachinzvimbo chechingwa chine bhata.

Panguva iyoyi, Alice akanzwa kaitiro kasinganzwisisiki paari, ako kakamuvhiringidza zvakanyanya kusvikira azoona kuti chaiva chii. Akanga ava kutanga kukurazve zvokuti pakutanga akafunga kuti asimuke abve padare asi akazofungazve kuti zvaiva nani kuramba aripo kana paingova nenzvimbo yaaikwana.

"Dai waregawo kundimana," yakadaro Shana yakanga yakagara pedyo naye. "Handichagoni kana kufema!"

"Handinawo zvandinogona kuita," Alice akadaro neunyoro. "Ndiri kukura."

"Hautenderwi kukura pano," yakadaro Shana.

"Usataure zvisina maturo," akadaro Alice ashinga. "Unoziva newewo uri kukura."

"Hongu, asi ndinokura zviri nani," yakadaro Shana, "kwete sezvako zvisinganzwisisiki." Akasimuka asuruvara ndokuenda kune rumwe rutivi rwedare.

Nguva yose iyi Mambokadzi vakanga vasina kurega kudzvokora Musoni wenguwani, saka Shana achingodarika, vakabva vati kune mumwe wemachinda, "Ndivigire pakanyorwa mazita evaimbi vemutambo wapfuura!" Apa VaMusoni wenguwani vangu vakabvunda zvokuti shangu dzavo dzose dzakabva.

"Ipa umboo hwako," Mambo vakadzokorora nehasha, "kana kuti ndinokudimurisa musoro, kutya kwako kana kusatya."

"Ndinongovawo tsuro zvayo, Changamire wangu," akataura Musoni wenguwani nenzwi raidedera, "zvakare ndanga ndisati ndatanga kunwa tii yangu, kwevhiki kana kudarika, zvakare chingwa change chine bhata change choramba chichisvava uye kubhwinyabhwinya kwetii—"

"Kubhwinyabhwinya kwei?" Mambo akabvunza.

"Zvakatanga netii," Musoni wenguwani akapindura.

"Ndizvo chaizvo tii inotanga naT!" Mambo akadaro zvine hasha. "Unondiona sedununu? Endererera mberi!"

"Ndinongova tsuro zvayo," Musoni wenguwani akaenderera mberi, "zvinhu zvizhinji zvakatanga kubhwinyabhwinya, kungoti Tsuro Magen'a akati—"

"Handina kudaro!" Tsuro Magen'a akadimurira nekukasira.

"Wakadaro!" Musoni wenguwani akadaro.

"Ndinozviramba!" akadaro Tsuro Magen'a.

"Anozviramba," vakadaro Mambo. "Siya chidimu ichocho.

"Ho-o, zvisinei Shana akati—" Musoni wenguwani akaenderera mberi achitarisatarisa asina kugadzikana kuti aone kuti uyu aizozvirambawo here. Asi Shana haana chaakaramba nokuti akanga akafa nehope.

"Mushure meizvozvo," akaenderera mberi Musoni wenguwani, "ndakacheka chimwe chingwa nebhata—"

"Asi Shana akati kudii?" Akabvunza mumwe wevatongi.

"Izvozvo handichazvizivi," akadaro Musoni wenguwani.

"Unofanira kuzvirangarira," Mambo akataura, "kana kuti ndokugurisa musoro."

VaMusoni wenguwani vangu takadonhedza kapu yeti nechingwa chine bhata ndokuwira pasi nebvi rimwe.

"Ndinongova munhuwo zvake, Changamire wangu," akatangazve.

"Uri munhu asingagoni kutaura zvachose," akadaro Mambo.

Apa imwe shindi yakakuzirira ichibva yanyaradzwa pakarepo nemachinda edare. (Manyaradzirwo acho ndiwo airwadza, saka regai nditsanangure kuti zvakaitwa sei. Vaiva nezibheke guru retende rakasungwa netambo nechekumuromo. Umu ndimo mavakakanda shindi vachitanga nemusoro ndokugara pamusoro payo.)

"Ndafara chaizvo kuti ndaona zvichiitika izvi," Alice akafunga. "Ndinosingoverenga mumapepanhau kuti pakapera dare, 'Pakava nekakuedza kukuzirira, kakabva kanyaradzwa namachinda edare,' bva ndaisanzwisisa zvazvaireva kusvika zvino."

"Kana zvirizvo zvoga zvaunoziva nezvenyaya iyi, chibva hako ipapo," vakaenderera mberi Mambo.

"Handichagoni kudzika kupfuura pano," akadaro Musoni wenguwani. "Ndatova pasi sezvazviri izvi."

"Saka chigara hako pasi," Mambo akapindura.

Apazve imwe shindi yakakuzirira ichibva yanyaradzwa.

"Ya-a, zvabva zvapedzisa shindi!" Alice akazviona. "Iye zvino tava kufamba zviri nani."

"Zviri nani ndipedzise tii yangu," akadaro Musoni wenguwani asina kugadzikana akatarira Mambokadzi vaiverenga mazita evaimbi.

"Ungachienda hako," Mambo vakadaro, ndokubva Musoni wenguwani akakasira kubva padare asina nyangwe kupfeka neshangu dzake.

"—mubva manodimura musoro wake kunze ikoko," Mambokadzi vakaudza umwe wamakurukota vedare, asi akasara osvika pamusiwo, Musoni wenguwani asisaonekwi.

"Daidza chapupu chinotevera!" akadaro Mambo.

Chapupu chakatevera aiva mubiki weMudzimai wemba yeumambo. Akanga akatakura kabhokisi kemhiripiri mumaoko zvekuti Alice akaziva kuti ndiyani iye asati atombopinda mudare nokuda kokuhotsira kwakaita vanhu vose vaiva kumusiwo nguva imwe chete.

"Ipa uchapupu hwako," Mambo vakadaro.

"Handisi kuzopa," akadaro mubiki.

Mambo vakatarisa Mbira Chena vasisina kugadzikana, iyo yakabva yati nenzwi riri pasi, "Changamire, munofanira kubvunza chapupu ichi."

"Ho-o! Kana ndichifanira, ndinobvunza," vakadaro Mambo vasina mufaro ndokubva mushure mekupeta maoko avo nekufinyamira mubiki kusvika meso aita seanyura, vati, "Tumakeke tunogadzirwa nei?"

"Mhiripiri kunyanya," akadaro mubiki.

"Manyuchi," rakadaro inzwi rine hope raiva shure kwake.

"Sungai Shana iyo!" Mambokadzi vakadaro nekanzwi kari pamusoro. "Gurai musoro wayo Shana iyo! Buritsai Shana iyo mudare! Munyaradzei! Mutsunyei! Bvisai tundebvu twake twepadivi utwo!"

Kwechinguva dare rose yakava nyonganyonga vachiedza kubata Shana, zvokuti pavakazodzikama zvakare, mubiki akanga anyangarika.

"Hazvina mhaka!" akadaro Mambo asunungurwa. "Danai chapupu chinotevera." Achibva awedzera nenzwi rakanangana naMambokadzi, "Unoona mudikanwi, unofanira kubvunza chapupu chinotevera. Zvinonditesa musoro!"

Alice akaramba akatarisa Mbira Chena ichibatabata pakanyorwa mazita, ane chidokwadokwa chekuda kuziva kuti chapupu chaitevera chinenge chakadii, "—nokuti havana kana umboo hwavati vaunganidza," akataura oga Alice. Imbofungai kushamisika kwaakaita apo akanzwa Mbira Chena ichidaidzira nekanzwi kari pamusoro zita rokuti, "Alice!"

Chitsauko XII

Umbowo hwaAlice

"Pano!" akadaidzira Alice atokanganwa muchinguvana ichocho makuriro aakanga aita muchinguva chidiki chakanga chapfuura, ndokusvetuka nekukasira zvokuti akabva akutura makanga mugere vatongi nemhendero yesiketi yake achiwisira vatongi vose pamisoro yechaunga chakanga chigere muzasi, apo vakasvikorashanarashana izvo zvakamurangaridza zvikuru nezvegirobhu rinochengeterwa hove dzekushongedza mumba raainge awisazve kwete nebwoni vhiki rapfuura.

"A-a! Rugerero!" akashamisika achishaya kuti zvafamba sei ndokutanga kuvanonga vose zvakare nekukasira nokuti tsaona yehove iyi yairamba ichidzoka mumusoro make zvokuti aiziva kuti vanofanira kukasira kunongwa nokudzoserwa munzvimbo yavo yevatongi kana kuti vaifa.

"Dare harigoni kuenderera mberi," vakadaro Mambo nenzwi rairatidza kushushikana zvikuru, "kusvikira vatongi vose vadzokera panzvimbo dzavo chaidzo, *vose*," akadzokorora achisimbisa zvikuru akati ndee panaAlice paaizvitaura.

Alice akatarisa panzvimbo yevatongi, ndokuona kuti mukukasira kwake akanga aiisa Dzvinyu musoro uri pasi uye VaDzvinyu takanga tichitsvikidza muswe zvinosiririsa, tisingachakwanisi kutsukunyuka. Akariburitsa zvakare ndokuridzosera zvakanaka, "kwete kuti zvine zvazvinobatsira," akataura ega, "handifungi kuti rine zvarinobatsira mudare zvisinei nokuti rakamira sei."

Pavakangogadzikana zvishoma vatongi, mushure mekuvhundutswa zvikuru nekuwiswa, uye zvireti zvavo nemapenzura zvawanikwa nekupihwa kwavari, vakachitanga kushanda nesimba kunyora nhoroondo yetsaona iyi, kusara kwaDzvinyu airatidza kuti achakabatikana zvokuti hapana chaaikwanisa kuita asi kugara akashama muromo akaudyura meso mudenga.

"Chii chaunoziva nezvenyaya iyi?" Mambo akabvunza Alice.

"Hapana," akapindura Alice.

"Hapana *zvachose?*" vakashingirira Mambo.

"Hapana zvachose," akadaro Alice.

"Zvakakosha zvikuru," vakadaro Mambo vachitendeukira kuvatongi. Vakanga vava kutotanga kunyora izvi pazvireti zvavo apo Mbira Chena yakavamisa, "Changamire vari kuti, *hazvina* kukosha izvi," akadaro nenzwi rine rukudzo rukuru asi achifinyama nekumushatisira uso paaitaura.

"Ya-a. *Hazvina* kukosha zvachose, ndizvo zvandanga ndichireva," Mambo akakasira kudaro ndokuenderera mberi achitaura ega nerwapasi, "zvakakosha—hazvina kukosha—hazvina kukosha—zvakakosha—" sezvinonzi aiedza kuona kuti inzwi rakanyatsokodzera nderipi.

Vamwe vatongi vakarinyora pasi "zvakakosha", vamwewo "hazvina kukosha". Alice aiona izvi sezvo aiva pedyo kwazvo zvokuti aiona zvaiva pazvireti zvavo, "asi hazvina kana nebasa rose," akafunga nechomomoyo.

Panguva ino, Mambo akanga ava nechinguva achinyora mubhuku rake, akadaidzira kuti, "Runyararo!" Uye ndokuverenga kubva mubhuku rake, "Mutemo wemakumi mana nembiri. *Vanhu vose vakareba kupfuura maira ngavasiye dare.*"

Munhu wese akatarisa Alice.

"Handisviki pamaira," akadaro Alice.

"Unosvika," akadaro Mambo.

"Angangoda kusvika mamaira maviri," Mambokadzi akawedzera.

"Ho-o handisi kuenda nyangwe zvodii," akadaro Alice. "Pamusoro pazvo, hausi mutemo wakatarwa. Mauruka izvozvi."

"Ndiwo mutemo wakaresa mubhuku umu," akadaro Mambo.

"Saka unofanira kuva uriwo wekutanga," Alice akadaro.

Mambo akapererwa ndokubva avhara bhuku rake nekukasira. "Ipai mutongo wenyu," akadaro kuvatongi nenzwi riri pasi rinodedera.

"Pane uchapupu hwakawanda husati hwauya, ndapota Changamire," yakadaro Mbira Chena, ichisvetuka nekukasira, "bepa iri richangononongwa."

"Rinei?" Mambokadzi akabvunza.

"Handisati ndarivhura," yakadaro Mbira Chena, "asi inoita sekuti itsamba yakanyorwa nemusungwa ku—kune umwe munhu."

"Zvinofanira kudaro," akadaro Mambo, "kunze kwekunge isina wayakanyorerwa, zvinova zvisingawanzoitika unoona."

"Yakanyorerwa kuna ani?" akabvunza umwe wevatongi.

"Haina wayakanyorerwa zvachose," yakadaro Mbira Chena, "chiripo ndechekuti, hapana chakanyorwa pamusoro payo." Akapetenura bepa riya achitaura, ndokuwedzera oti, "Haisiri tsamba kana. Indima dzenhetembo.

"Dziri murunyoro rwemusungwa here?" akabvunza umwe wavatongi.

"Kwete hadzisi," yakadaro Mbira, "uye ndizvo zvinonyanyoshamisa nezvayo." (Vatongi vose vakaratidza kuvhiringidzika.)

"Anofanirwa kunge akatevedzera runyoro rwoumwe munhu," akadaro Mambo. (Vatongi vose vakaratidza kufara zvakare.)

"Pamusoroi changamire," akadaro Murandarume musungwa, "handina kuinyora zvakare havakwanisi kuratidza kuti ndini ndakainyora. Hapana zita rakanyorwa kumapeto."

"Kana usina kunyora zita kumapeto," akadaro Mambo, "zvinobva zvatonyanya kushatisa nyaya. Unofanira kunge waiva nezvimwe zvisina kunaka zvawaida kuita, pasinazvo, ungadai wakanyora zita rako kumapeto kuratidza munhu akavimbika.

Pakava nekuombererwa maoko apa. Ndicho chaiva chinhu chekutanga chairatidza uchenjeri chakanga chataurwawo naMambo zuva iri.

"Zvabva zvaratidzaka kuti ane mhosva," Mambokadzi akatsinhira. "Saka gurai—"

"Hazviratidzi kudaro zvachose!" akadaro Alice. "Ya-a, hamutombozivi kuti dziri kutaura nezvei!"

"Dziverengei," akadaro Mambo.

Mbira yakapfeka magirazi ayo. "Ndapota Changamire, ndotangira papi?" yakabvunza.

"Tangira pekutanga," Mambo vakadaro vatsamwisa, "woenderera kusvika kumagumo, wobva wamira."

Makava nerunyararo rukuru mudare apo Mbira yaiverenga ndima idzi:—

"Vakandiudza kuti wakanga waenda kumunhukadzi,
Ukandirevera kumunhurume:
Munhukadzi akandipa unhu hwakanaka,
Asi akati, handaikwanisa kutuhwinha.

Akavatumira shoko kuti ndakanga ndisina kuenda
(Tinoziva kuti ichokwadi):
Kana akaramba akashinga nenyaya iyi,
Iwe ungazova chii?

Ndakamupa imwe, vakamupa mbiri,
Makatipa nhatu kana kupfuura.
Vose vakadzoka kwamuri vachibva kwaari,
Chero vaimbove vangu.

Ini, kana iye daro
Tirimowo munyaya iyi,

Anovimba kuti iwe uchavasunungura
Sezvatakange tiri chaizvo.

Maonero angu aiva ekuti mainge muri
(Asati ave nedambudziko iri)
Chibingamupinyi chakava pakati
Pake, nesu naicho.

Usarega achiziva kuti ndivo vaaidisisa
Nokuti izvi zvinofanira kuva
Tsindidzo isingaziikanwi navamwe vose,
Kusara kwako iwe neni."

"Ndicho chidimbu cheumboo chakakoshesesesa chatati tanzwa," vakadaro Mambo vachipukuta maoko avo, "saka chiregai vatongi—"

"Kana pane mumwe wavo zvake anogona kuzvitsanangura," akadaro Alice (akanga akurisa zvakanyanya muchinguva chichangopfuura zvokuti akanga asisatyi kana kudimurira Mambo), "ndinomupa mapeni matanhatu. Handioni kana pane chidimu chine musoro chidikidiki zvacho mazviri."

Vatongi vose vakanyora pazvireti zvavo, "Haasi kutendeseka kuti mune chidimu chidukusa zvacho chine zvachinoreva mazviri," asi hapana kana mumwe wavo akaedza kutsanangura chinyorwa.

"Kana musina zvine musoro mariri," akadaro Mambo, "zvingatibatsira chaizvo, munoziva, nokuti hapana chikonzero chekuti tizvitsvake. Asizve handizivi," akaenderera mberi achitambanudza ndima dziya pabvi rake nekudzinan'anidza neziso rimwe, "ndinoita sendinoona zvine musoro madziri. '*—akati handaikwanisa kutuwina—*' haugoni kutuwina, unogona?" akabvunza achitendeukira kuMurandarume.

Murandarume akazunza musoro wake zvinonzwisa tsitsi. "Ndinoita sendinogona?" akadaro. (Zvaaisatokwanisa semunhu akanga akagadzirwa nekadhibhokisi.)

"Pari zvino, zvakanaka," akadaro Mambo, ndokuenda mberi achizvitaurira pasipasi zviri mumavhesi. "'*Tinoziva kuti ichokwadi*'—vatongika avo—'*kana akaramba akashinga nenyaya iyi*'—anofanira kunge ari Mambokadzi—'*Iwe ungazova chii?*'—Chii chaizvo!—'*Ndakamupa imwe, vakamupa mbiri*'—ya-a, ndizvo zvinofanira kunge zvirizvo zvaakaita netumakeke, munoziva—"

"Asika inoenderera mberi '*Vose vakadzoka kwamuri vachibva kwaari*'," akadaro Alice.

"Ya-a, izvo zviri apo izvo!" Mambo akadaro achiratidza kukunda akatendeka zvikeke zvaiva patafura. "Hapana chingajeka kupfuura apa. Ndiye zvakare '*Asati ave nedambudziko iri*'—ndinofunga hauna kumboita dambudziko mudikani?" akadaro kuna Mambokadzi.

"Kana!" Mambokadzi akataura neukasha achitema Dzvinyu nechekugadzikira hingi yekunyoresa. (VaBill vangu, takanga tarega zvokunyora nemunwe pachireti taona kuti hapana chiri kubuda asi apa akabva akasira kutanga kunyorazve achishandisa ingi yakanga ichierera kumeso kwake.)

"Saka manzwi aya haasi ako," akadaro Mambo achitarisa dare rose achisekerera. Pakava nerunyararo rukuru.

"Kutamba namanzwi!" Mambo akawedzera ashatirwa, munhu wese achibva aseka. "Vatongi ngavachibuda nemutongo wavo," Aka kakanga kava kangangove kechimakumi maviri Mambo achitaura izvi zuva iri.

"Kwete, kwete!" Mambokadzi akaramba. "Chirango kutanga, mutongo wozotevera."

"Hazvina musoro!" Alice akadaidzira zvinonzwika. "Kutanga nechirango!"

"Tinyararire!" Mambokadzi akadaro achishandura uso.

"Handinyarari!" Alice akadzorera.

"Gurai musoro wake!" Mambokadzi vakadaidzira nenzwi riri pamusoro. Hapana akapfakanyika.

"Hanya nani?" akadaro Alice (panguva ino akanga akura kusvika pamumhu wake chaiwo.) "Hapana zvamuri, munongova chisumbu chemakadhi!"

Nokuda kwezvizvi chisumbu chose chakati dzvamu mumhepo ndokubhururuka chichidzika chakamunanga. Akaridza kamhere, kaisanganisira kutya nehasha ndokuedza kudzinakurira kure, achibva angoona ava pasi kumahombekombe, musoro wake uri mumaoko emukoma wake uyo akanga achibvisa mashizha akanga adonhera pachiso chake achibva mumiti.

"Chimuka Alice shamwari!" akadaro mukoma wake. "Zvaita sei kuvata kwenguva refu yakadai?"

"A-a, ndarota hope dzinoshamisa kwazvo!" akapindura Alice, ndokuudza mukoma wake zvose zvaakanga achiri kurangarira, nhoroondo yeZvishamiso zvose izvi zvamabva kuverenga nezvazvo, uye paakanga apedza mukoma wake akamutsvoda ndokuti, "Changa chiri chiroto chisinganzwisisiki chokwadi. Asi iye zvino, chimhanya unonwa tii yako, nguva dzaenda." Naizvozvo Alice akasimuka ndokumhanya achienda, achifunga paaimhanya kudaro, semaonero aaizviita, ichi chaiva chiroto chinoshamisa.

Asi mukoma wake akagara akati zii, akabata shaya, akayeva zuva richinyura, uye achifunga nezvemunin'ina wake, Alice nezviitiko zvake zvose zvinoshamisa kusvikira iyewo arasika mupfungwa dzake semunhu ari kurota. Izvi ndizvo zvaairota mupfungwa:—

Chekutanga akarota nezvaAlice pachake. Ipapa zvakare tumaoko twake twakanga twakabata ibvi rake, uye meso ake akajeka netarisiro akatarisa mune ake. Ainzwa kushanduka kwenzwi rake, nokuona kakurasa musoro kuitira kudzosera shure vhudzi rairamba richiuya kumaziso ake. Uye zvakare akateerera kana kuita seakateerera, nzvimbo yose yakazara netupuka tusinganzwisisiki twemuchiroto chekanin'ina kake.

Uswa urefu hwakagunzva tsoka dzake apo Mbira Chena yaidarika nekukasira. Mbeva yaitya yakapfachura mvura ichipfuura nemudziva raiva pedo. Ainzwa kurira kwekapu dzetii apo Tsuro Magen'a neshamwari dzake vaigoverana kudya kusingaperi, uye inzwi raMambokadzi riri pamusoro achiraira kuti vaeni vake vanenge vaita munyama vaurawe. Zvakarewo chimwana chinguruve chaihotsirira pabvi reMudzimai wemba yeumambo, ukuwo ndiro nemadhishi dzichirovana dzichimukomba. Zvakare kuchema kweZiruma, kutsviridza kwepenzura yaDzvinyu yechireti uye kudzipwa kweshindi zvakanzwika mumhepo zvakasangana nekupfikura kweKamba yeNhema yekugara yakasuwa.

Saka akaramba agere akavhara meso, achizviona seari Munyika yeMashiripiti chero zvazvo aiziva kuti akangovhura meso ake chete aibva adzokera mumagariro ake emazuva ose. Uswa hunenge hongoririra mumhepo chete uye mvura mudziva yofambiswa nekuzunungguka kweshanga. Kurira kwekapu dzetii kobva kwava kwemabhera emakwayi uye kudaidzira kwenzwi raMambokadzi kova inzwi remufudzi wemakwayi. Kuhotsira kwemwana, kuchema kweZiruma nerumwe ruzha rwese rusinganzwisisiki zvaishanduka (aizviziva) kuita nyonganyonga yeruzha runowanika pabasa repapurazi, ukuwo kukuma kwemombe dziri kure kotora nzvimbo yekupfikura kwakadzama kweKamba yeNhema.

Pakupedzisira akaona mufananidzo mufungwa dzake weikaka kanun'una kake, mushure menguva iyi atovewo mukadzi mukuru uye zvakare mumakore ake ose anotevera achiramba aine mwoyo wake weudiki une rudo usinei nezvakawanda. Zvakare achiunganidza tumwe twana twake nokuita kuti tuburitse meso nehavi pakuteerera kungano dzamashiripiti, zvichidawo nechiroto cheNzvimbo yaMashiripiti chakareko; uye zvakare manzwiro aangazoita pane zvinovanetsa zvoupwere nekuwana mufaro mune zvinovafadza zveupwere, achirangarira upwere hwake iye nemazuva echirimo anofadza.

Alice's Adventures in Wonderland, by Lewis Carroll 2008

Through the Looking-Glass and What Alice Found There, by Lewis Carroll 2009

A New Alice in the Old Wonderland, by Anna Matlack Richards, 2009

New Adventures of Alice, by John Rae, 2010

Alice Through the Needle's Eye, by Gilbert Adair, 2012

Wonderland Revisited and the Games Alice Played There, by Keith Sheppard, 2009

Alice's Adventures under Ground, by Lewis Carroll 2009

The Nursery "Alice", by Lewis Carroll 2010

The Hunting of the Snark, by Lewis Carroll 2010

The Haunting of the Snarkasbord, by Alison Tannenbaum, Byron W. Sewell, Charlie Lovett, and August A. Imholtz, Jr, 2012

Snarkmaster, by Byron W. Sewell, 2012

In the Boojum Forest, by Byron W. Sewell, 2014

Murder by Boojum, by Byron W. Sewell, 2014

Alice's Adventures in Wonderland, Retold in words of one Syllable by Mrs J. C. Gorham, 2010

𐐈𐑊𐐮𐑅'𐑅 𐐈𐐼𐑂𐐯𐑌𐐽𐐲𐑉𐑆 𐐮𐑌 𐐎𐐲𐑌𐐼𐐲𐑉𐑊𐐰𐑌𐐼,
Alice printed in the Deseret Alphabet, 2014

[illegible],
Alice printed in the Ewellic Alphabet, 2013

'Ælɪsɪz Əd'ventʃəz ɪn 'Wʌndəˌlænd,
Alice printed in the International Phonetic Alphabet, 2014

Alis'z Advenčrz in Wundrland,
Alice printed in the Ñspel orthography, 2015

[illegible], *Alice* printed in the Nyctographic Square Alphabet, 2011

·𐑨𐑤𐑦𐑕'𐑩𐑟 𐑩𐑛𐑝𐑧𐑯𐑗𐑼𐑟 𐑦𐑯 ·𐑢𐑳𐑯𐑛𐑼𐑤𐑨𐑯𐑛,
Alice printed in the Shaw Alphabet, 2013

ALISIZ ADVENCHRZ IN WUNDRLAND,
Alice printed in the Unifon Alphabet, 2014

Elucidating Alice: A Textual Commentary on *Alice's Adventures in Wonderland*, by Selwyn Goodacre, 2015

Behind the Looking-Glass: Reflections on the Myth of Lewis Carroll, by Sherry L. Ackerman, 2012

Clara in Blunderland, by Caroline Lewis, 2010

Lost in Blunderland: The further adventures of Clara, by Caroline Lewis, 2010

John Bull's Adventures in the Fiscal Wonderland, by Charles Geake, 2010

The Westminster Alice, by H. H. Munro (Saki), 2010

Alice in Blunderland: An Iridescent Dream, by John Kendrick Bangs, 2010

Rollo in Emblemland, by J. K. Bangs & C. R. Macauley, 2010

Gladys in Grammarland, by Audrey Mayhew Allen, 2010

Alice's Adventures in Pictureland,
by Florence Adèle Evans, 2011

Eileen's Adventures in Wordland, by Zillah K. Macdonald, 2010

Phyllis in Piskie-land, by J. Henry Harris, 2012

Alice in Beeland, by Lillian Elizabeth Roy, 2012

The Admiral's Caravan, by Charles Edward Carryl, 2010

Davy and the Goblin, by Charles Edward Carryl, 2010

Alix's Adventures in Wonderland:
Lewis Carroll's Nightmare, by Byron W. Sewell, 2011

Áloþk's Adventures in Goatland, by Byron W. Sewell, 2011

Alice's Bad Hair Day in Wonderland,
by Byron W. Sewell, 2012

The Carrollian Tales of Inspector Spectre,
by Byron W. Sewell, 2011

Alice's Adventures in An Appalachian Wonderland,
Alice in Appalachian English, 2012

Alice tu Vãsilia ti Ciudii, *Alice* in Aromanian, 2015

Алесіны прыгоды ў Цудазем'і, *Alice* in Belarusian, 2013

Ahlice's Aveenturs in Wunderlaant,
Alice in Border Scots, 2015

Alice's Mishanters in e Land o Farlies,
Alice in Caithness Scots, 2014

Crystal's Adventures in A Cockney Wonderland,
Alice in Cockney Rhyming Slang, 2015

Aventurs Alys in Pow an Anethow, *Alice* in Cornish, 2015

Alice's Ventures in Wunderland, *Alice* in Cornu-English, 2015

Alices Hændelser i Vidunderlandet, *Alice* in Danish, 2015

La Aventuroj de Alicio en Mirlando,
Alice in Esperanto, by E. L. Kearney, 2009

La Aventuroj de Alico en Mirlando,
Alice in Esperanto, by Donald Broadribb, 2012

Trans la Spegulo kaj kion Alico trovis tie,
Looking-Glass in Esperanto, by Donald Broadribb, 2012

Les Aventures d'Alice au pays des merveilles,
Alice in French, 2010

Alice's Abenteuer im Wunderland, *Alice* in German, 2010

Alice's Adventirs in Wunnerlaun,
Alice in Glaswegian Scots, 2014

Balþos Gadedeis Aþalhaidais in Sildaleikalanda,
Alice in Gothic, 2015

Nā Hana Kupanaha a ʻĀleka ma ka ʻĀina Kamahaʻo,
Alice in Hawaiian, 2012

Ma Loko o ke Aniani Kū a me ka Mea i Loaʻa iā ʻĀleka ma Laila, *Looking-Glass* in Hawaiian, 2012

Aliz kalandjai Csodaországban, *Alice* in Hungarian, 2013

Eachtraí Eilíse i dTír na nIontas,
Alice in Irish, by Nicholas Williams, 2007

Lastall den Scáthán agus a bhFuair Eilís Ann Roimpi,
Looking-Glass in Irish, by Nicholas Williams, 2009

Eachtra Eibhlís i dTír na nIontas,
Alice in Irish, by Pádraig Ó Cadhla, 2015

Le Avventure di Alice nel Paese delle Meraviglie,
Alice in Italian, 2010

L's Aventuthes d'Alice en Êmèrvil'lie, *Alice* in Jèrriais, 2012

L'Travèrs du Mitheux et chein qu'Alice y dêmuchit,
Looking-Glass in Jèrriais, 2012

Las Aventuras de Alisia en el Paiz de las Maraviyas,
Alice in Ladino, 2014

Alisis pīdzeivuojumi Breinumu zemē, *Alice* in Latgalian, 2015

Alicia in Terra Mirabili, *Alice* in Latin, 2011

Aliciae per Speculum Trānsitus (Quaeque Ibi Invēnit),
Looking-Glass in Latin, 2014

Alisa-ney Aventuras in Divalanda,
Alice in Lingua de Planeta (Lidepla), 2014

La aventuras de Alisia en la pais de mervelias,
Alice in Lingua Franca Nova, 2012

Alice ẹhr Ẹventüürn in't Wunnerland,
Alice in Low German, 2010

Contoyrtyssyn Ealish ayns Çheer ny Yindyssyn,
Alice in Manx, 2010

Ko ngā Takahanga i a Ārihi i te Ao Mīharo,
Alice in Māori, 2015

Dee Erläwnisse von Alice em Wundalaund,
Alice in Mennonite Low German, 2012

The Aventures of Alys in Wondyr Lond,
Alice in Middle English, 2013

L'Aventuros de Alis in Marvoland, *Alice* in Neo, 2013

Ailice's Anters in Ferlielann, *Alice* in North-East Scots, 2012

Æðelgýðe Ellendæda on Wundorlande,
Alice in Old English, 2015

Die Lissel ehr Erlebnisse im Wunnerland,
Alice in Palantine German, 2013

Соня въ царствѣ дива: Sonja in a Kingdom of Wonder,
Alice in Russian, 2013

Ia Aventures as Alice in Daumsenland,
Alice in Sambahsa, 2013

'O Tāfaoga a 'Ālise i le Nu'u o Mea Ofoofogia,
Alice in Samoan, 2013

Eachdraidh Ealasaid ann an Tìr nan Iongantas,
Alice in Scottish Gaelic, 2012

Alice's Adventchers in Wunderland, *Alice* in Scouse, 2015

Alice's Adventirs in Wonderlaand, *Alice* in Shetland Scots, 2012

Alice muNyika yeMashiripiti, *Alice* in Shona, 2015

Ailice's Àventurs in Wunnerland,
Alice in Southeast Central Scots, 2011

Alices Äventyr i Sagolandet, *Alice* in Swedish, 2010

Ailis's Anterins i the Laun o Ferlies,
Alice in Synthetic Scots, 2013

'Alisi 'i he Fonua 'o e Fakaofo', *Alice* in Tongan, 2014

Alice's Carrànts in Wunnerlan, *Alice* in Ulster Scots, 2013

Der Alice ihre Obmteier im Wunderlaund,
Alice in Viennese German, 2012

Ventürs jiela Lälid in Stunalän, *Alice* in Volapük, 2015

Lès-avirètes da Alice ô payis dès mèrvèyes,
Alice in Walloon, 2012

Anturiaethau Alys yng Ngwlad Hud, *Alice* in Welsh, 2010

I Avventur de Alìs ind el Paes di Meravili,
Alice in Western Lombard, 2015

Alison's Jants in Ferlieland, *Alice* in West-Central Scots, 2014

Di Avantures fun Alis in Vunderland, *Alice* in Yiddish, 2015

Insumansumane Zika-Alice, *Alice* in Zimbabwean Ndebele, 2015

U-Alice Ezweni Lezimanga, *Alice* in Zulu, 2014

www.ingramcontent.com/pod-product-compliance
Ingram Content Group UK Ltd.
Pitfield, Milton Keynes, MK11 3LW, UK
UKHW041824200726
13854UKWH00002BA/545

9 781782 010661